JN254705

Encouragements of
Light Active Learning

ライト・
アクティブ
ラーニング
のすすめ

橋本 勝 編
Masaru Hashimoto

ナカニシヤ出版

はじめに（プロローグ）

　「天は人の上に人を造らず，人の下に人を造らず」。本書のタイトルはいうまでもなく福澤諭吉翁の『学問のすゝめ』を意識したものである。『学問のすゝめ』のこの有名な冒頭の一節は，アメリカ独立宣言の一部を借用したもののようであるが，福翁は，「現実には人間社会は様々な差別があり，明治維新の混乱期を経て新しい世になっても，あるいはそういう時代になったからこそ，社会的弱者に追い込まれて不遇・不満の一生を過ごさないよう，しっかり学びなさい」と説いていると考えられる。しかし，私からみると，この一節に「学び」を結びつけると，もう一つ別の意味が感じ取れる。それは，「学びの場では上下の差はさほど重要なことではないのではないか」という事である。

　私は，かつて岡山大学の教育学部に11年間，籍を置き，小・中・高の教師を育てた経験があるが，私自身は教員免許どころか，教育学関連の教養科目すら受講したことなど無い教育の「ど素人」である。説明の必要はないかもしれないが，各大学の教員養成課程には若干の「教科専門」の専任教員がいることが多い。岡山大学教育学部の場合も，当時，スタッフの約半数はそうした素人であった。但し，そういう人間でも，学生の教育実習とか附属学校教諭の研究授業での助言者として一定の役どころが与えられ，場合によっては教科教育法の授業を担当したりもしたし，教育学部の教授会等では必然的に初等・中等教育の動向・事情に触れたりもした。いわゆる「門前の小僧，習わぬ経を読む」という状況である。当時の重要課題は「子どもたちがいかに主体的な学びをするか」という事であり，その後，全学組織に学内移籍して結果的にFDの専門家（？）のようになっていく私にとっては，図らずも，その準備を自然にすることになったといってよい。

　その時，よく使われていたスローガンは「スズメの学校からメダ

カの学校へ」というものであり，10 年ほど前の FD 講演等では私も
よく使わせて頂いたフレーズである。

　「♪チィチィパッパ，チィパッパ，スズメの学校の先生は，ムチを
振り振りチィパッパ……♪」という「教師の言うとおりに学ぶ」の
では主体的な学びにならず，その実現に向けては「♪メダカの学校
は川の中，誰が生徒か先生か，みんなでお遊戯しているよ♪」の精
神で，教師は主体的な学びの支援者に徹することが重要である，と
いう主張である。戦前の軍国主義教育から脱却し，民主主義教育の
推進にとっては重要なことであり，賛同者も多かったようであるが，
近年は「メダカの学校」の「お遊戯」では，教育の質が担保されず，
まずいのではないかという批判も出てかつてほどこのフレーズは聞
かれなくなった。また，「ゆとり教育」が，本来狙った方向からずれ
てしまって社会的批判を浴び，一定の基礎力を確実に身に着けさせ
るために知識伝達型教育も再評価されたりもしている。

　さて，一方で，大学教員の中には，「自分は凡人と異なり，一流の
研究者だ」という自尊心（？）から，学生や職員などに対し，「上か
ら目線」で相手を見下す言動が目立つ人も少なくない。せっかく質
問に来た学生に「そんなことも分からんのか」「先日の授業で説明し
たじゃないか」と頭ごなしに叱ったり，職員が何かを提案したりす
ると「職員のくせに……」とあからさまに嫌な顔をしたりする輩で
ある。何とも困ったものである。

　学びの原点，本質を主体性に置くとすれば，学びの場では学習者
こそが主役であり，教員はその手助けをするにすぎない。たとえ知
識量が学習者より豊富だとしても，それは学習者より先に学んだだ
けのことであり，そのことは初学者のもつような新鮮な気づきを妨
げる欠点にもなる。学習者の主張や疑問にもっと素直に耳を傾ける
方が良いのではなかろうか。「疑問の余地がない」と考えられてい
た定説が覆された例は各分野に存在する。凝り固まった知識の延長
では伸びしろが小さいように思われる。異分野交流が新たな発想を
生みやすいといわれるのも非専門家の感覚がヒントになるからに他

ならない。学生や職員の何気ない一言が，時には研究の進展に繋がることもあることを教員は心しておくべきであり，だとすれば，初学者の学習に立ち会える授業はそういうヒントの宝庫でもあり，教員も時には謙虚に学ぶ側になるべきではないだろうか。まさにメダカの学校である。

　昨今，大学教育界はアクティブラーニングで喧しい。かくいう私もいわゆる「橋本メソッド」を題材にアクティブラーニングに関する講演（もどき？）をしばしば各地で行っており，若干の書物・雑誌でそれに関する自論を展開しているのだから喧しさを増している要素の一つとなってしまっている。

　そんな中で，京都大学の松下佳代・溝上慎一両教授を中心とするディープ・アクティブラーニングないしディープラーニングという主張が一定の支持を受け，アクティブラーニングの目指す方向性として「定説」になりつつある。単に表面的な能動性・活動性に重きを置くのではなく，深い学びを追求しなければ，主体的な学びとしての意味がない，というその論旨は明快であり，一見，何の反論もできないようにも思われる。徹底した反転学習による予習の充実や細部まで立ち行ったルーブリック評価など，それが学びの充実に繋がることは間違いない。

　しかし，大学では，国家試験等に合格するための知識・技能の習得を理由に，あるいは，段階的なカリキュラムを考慮した専門基礎的な科目の性格を理由に，アクティブラーニング導入に対する抵抗が根強い。また，次期の学習指導要領では「アクティブラーニング」に相当する概念として「主体的・対話的で深い学び」が盛り込まれることになり，中・高の先生たちに「総合的学習の時間」の導入時と似たような戸惑いが広がっている。受験体制が変わらなければ大枠は変えようがないと冷めた目でみている人も少なくない。

　さらに，大学を就職予備校視し，「卒業さえできれば」「単位さえ取れれば」と考える学生が多い日本の大学事情も重要である。そん

な学生からすると理想的な学びとして「学びの深さ」を求められても迷惑な話である。一時の充実感・達成感だけなら，もっと他に方法がいくらでもあるはずである。

　現実に立脚し，メダカの学校の精神を活かして，もっと「肩の力を抜く」必要性を説く「もう一つのアクティブラーニング論」が「ライト・アクティブラーニング」である。「そんなことでは教育の質が……」という批判もあろうが，それは「上から目線」に他ならない。学びの世界では上下の差などないという立場から「教える・教えられる」ではなく「学び合う」関係を重視すべきではないだろうか。

　本書は，こうした私の考えを整理するとともに，大学教員経歴の後半で直感的に編み出し，試行錯誤しながら実践してきた「橋本メソッド」を一度ぐらいはきちんと説明しておこうという狙いで出版したものであるが，同時に，程度の差こそあれ，そういう私の持論に共鳴・賛同する7名の論客に寄稿して頂き，内容を豊富化している。編者として各章に若干の手直しをさせて頂いたが，それぞれの分野での興味深い実践や提言がくわしく述べられている。中でも秀逸なのは最後の第8章であろう。現役の学部学生とは思えない久保卓也氏の鋭い分析と筆致は，既に富山大学を卒業した後，岡山大学に編入した特殊な経歴を差し引いても，読む者をうならせる内容となっており，もし，学生で本書を手に取った読者には大いに刺激を受けるのではなかろうか。もちろん，第8章以外の各章も，それぞれ読み応えのある内容であり，例えば，第5章の河原和之氏は，中等教育の世界ではベストセラー連発のカリスマ的存在だし，私に無断で長年「橋本メソッド」を普及している第2章の金西計英氏やNPOの理事として全国で活躍中の第5章の倉部史記氏もかなりの知名度がある。ぜひ御自分の関心に合わせて自由に拾い読みして頂ければ幸いである。

　本書が読者の参考になるかどうかは定かではないし，疑問や反発

も当然あるだろうが，最終的な文責は全て編者の私にある。その意味で批判は全て私がお受けしたい。

2017 年 11 月

橋本　勝

目　　次

ライト・アクティブ
ラーニングとは

橋本　勝

① 三浦先生へのお詫び ....

　関西大学に三浦真琴先生という方がいる。かなり著名な方だから
ご存知の方も多かろう。まず、その三浦先生への詫び文から始める
必要がある。

　彼が前任の静岡大学教授だった頃、岡山大学が全国に先駆けて
開始していた学生参画型FDをテーマとしてFD講演に出向いた
時、あまり考えずに私が次のような主旨のことを話したようである。
「ようである」というのは、すでにかなりの年月が経過しており記憶
が定かではないからであるが、当時、あちこちで似たような主旨の
ことを吹聴していたことは間違いなく、彼の耳に残ったのも多分そ
の頃ではないかと推察される。講演内容もひょっとすると学生参画
型FDの話ではなく、当時、9:1ぐらいの割合で、たまに依頼のあ
った「橋本メソッド」に関するものだったかもしれない。概要はだ
いたいこうである。

　大学でFD推進を担う者はできれば教育学プロパーではない方が
よい。というのは、教育学プロパーだと、結果的にFD関連の研究
業績を論文等で積み上げることになり、学内の一般教員からすれ
ば、何だか特定の教員の研究材料として利用されたような感覚が
生じやすく、それがFDの推進・拡がり・定着の足かせになるこ
とがあるからである。このため、元々経済統計学が専門で教育学
とは無縁だった私は、これからも教育学関係の論稿・著作は書か
ない主義で行きたい。

　非常に鋭い方は，これは単に私が業績不足を取り繕うための弁明だとお気づきかと思うが，純粋な三浦先生は，この主旨に甚く感銘を受けたようで，その後，私が清水亮氏らと『学生と変える大学教育』（2009年，ナカニシヤ出版）を上梓した折，「信念を変えられたのか，残念だ」と責められたのである。その批判に対し私は，「方針変更はしておらず，その著作も含め，私がこれまで「論稿」としてまとめたものは全てエッセイ風の読み物にしてあり，学会の個人発表等もできるだけ楽しめる内容にして，「研究業績」には感じられないように心掛けている」という弁解をした。

　その考え方からすると，本書はかなり研究書っぽい内容となってしまっているから，今回は素直に謝るべきかもしれない。「え〜っ，これで研究書？」と思われる方もおられようが，少なくとも私の意識としては，私の担当章は，今回はエッセイ色を弱めてある。なぜかといえば，私もすでに還暦を過ぎ，「橋本メソッド」の授業を展開するのも残り数年しかなくなったため，きちんとした説明をする機会が今回を逃すとないかもしれないという事情に加え，昨今の大学での主体的学びのありように若干の違和感を感じているため，あえてそういう書を一冊残すことにしたわけである。

　三浦先生はじめ，似たような感覚をお持ちの読者には，その点，どうかご容赦いただきたい。

　また，逆に，いつもの「橋本節」を期待して本書を手に取った方には，その色彩が弱まっていることに対し，別の意味でお詫びする次第である。さらに，そういう中途半端な性格となっていることに対しては，読者全般にお詫びするしかない。誠にごめんなさい。

② アクティブラーニングの定義？ ·············

　私の手元に興味深い資料がある。事務ルートを使って全国の国立大学を対象にアクティブラーニングの現状を調査した回答集である。ある全国会議のための資料であり，本稿をまとめている段階で

入手した機密資料である。ほぼすべての国立大学から回答を得ており，100 ページ以上に及ぶ。かつて統計調査論を専門にしていた立場からすると，これを無断使用すると，いわば「目的外使用」にあたるから，扱い方には十分な配慮が必要であるが，当該会議はとっくに終わっており，今後は，過去の参考資料という程度の代物扱いになって，世に紹介される機会もないと思われるので，この機会に活用したい。

　調査の趣旨は，それぞれの大学におけるアクティブラーニングの成績評価の統一基準ないし必要性を検討しようというものであるが，おもしろいのは各大学に「何をもってアクティブラーニングと定義するか」を自由記述で求めている点である。これを問うこと自体がアクティブラーニングの多様性を認めていることを意味し，実際，大学によってじつにさまざまな定義が記されている。文科省の定義や例えば京都大学の溝上慎一氏の著書の定義をそのまま用いているところもあれば，「知識を一方的に伝達する講義以外の科目」というゆるい定義にしたり，教員の多様な考えに配慮し，狭い定義づけをすることに慎重になっていたりする大学もある。「早急に定義する必要があるが，完全な座学であっても，学生の頭が動いていればアクティブラーニングであるという主張すらあり，定義する目処は立っていない」と困窮しているところもある。一方，よくいわれる主体的・能動的・対話的学修等のような一般的な表現ではなく，例えば，アクティブラーニングを 4 要素に分解し，その要素が授業の何%を占めるかを 4 段階に分けた上で，それぞれにつけたポイントの合計点数が一定基準以上というような機械的な定義にしているところもあるし，「あらたに定義づけすることがその幅のありようを窮屈にするならば本末転倒といわざるをえない」と定義づけ自体に否定的な大学もある。

　少し視点を変えてみよう。2018（平成 30）年度から学校種ごとに段階的に順次適用される初等・中等教育の新学習指導要領では，アクティブラーニングに相当する内容を「主体的・対話的で深い学び」

と表現し直している。いわゆる「日本語の乱れ」論争の中でカタカナ語の使い過ぎが大きな問題になっていることを考慮したのかどうかは定かではないけれども，ともあれ，最もコンパクトなアクティブラーニングの定義の例といえる。初等・中等教育では，ずいぶん前から「主体的学び」が重視されてきており，今回はそれに「対話的」と「深い」という二つの要素が付け加わったわけであるが，今後は，いかに主体的，能動的，意欲的な学びであっても，この 2 要素が抜けたものはアクティブラーニングとしては不十分・不完全なものと扱われてしまう可能性が出てきた。単に「アクティブ」だけではダメだという事である。無論，大学教育は学習指導要領とは本来，無縁であり，大学による，また教員による自由な教育がある程度保証されているが，初等・中等教育でのこの「アクティブラーニング」観が今後，少しずつ影響・浸透してきそうなことは十分考えられる。

③ ディープ・アクティブラーニングは必要か

　いつの間にやらアクティブラーニングの権威になってしまった感のある京都大学の溝上慎一氏や松下佳代氏らは，かなり早い段階から，アクティブラーニングを展開する上では，「深い学び」が不可欠であると主張してきた。いわゆる「ディープ・アクティブラーニング」あるいは「ディープラーニング」論である。彼らのいう「深さ」と学習指導要領でいう「深さ」とは完全に同じものではないようにも思われるが，ここではその点には深入り（？）しない。ともあれアクティブラーニングといえば「深さ」がつきもの，という固定観念が蔓延しつつあることは確かである。本当にそうなのだろうか。あるいは，それでよいのであろうか。

　昔から研究者は研究の深さを重視してきた。「お前さんの研究はまだまだ甘い。……というところまで踏み込まないと研究レベルではないね。」という類の叱咤激励を受けて研究者としての自立・成長を目指してきた方も多かろう。そういう人にとっては，「深さが

大事」などと強調されると，大いに共鳴・納得するところが多いであろう。しかし，私は，幸か不幸か，そういう叱咤激励はほとんど受けなかった。というより，元々私は研究者を目指して大学教員になったわけではないし，今も自分が研究者であるという自覚はほとんどない。それゆえ，「深さは当然」というような感覚は私にはない。形式的には「論文」と称するものはいくつか書いたし，各種の学会で「研究発表」も何度も行ってきたものの，私の意識の中では，絶えず「軽いノリ」が支配的であり，「深さを求めなければ」という強迫観念（？）はほとんどなかったのである。それでも，私は大学教授になり，長年，それを務め続けたばかりか，各地で教育講演を頼まれたりしている。これはなぜなのだろうか。

　なんとまぁ恥さらしなことを平気で書いている，と眉をひそめている読者も多かろうと思われるので，開き直りはそのくらいで抑えて，私が「深さ」とは違う別の大切なものを追い続けてきたこと，また，それが結果としては自然に深さを呼び込んできたことを述べていくことにする。

④ 池上彰と林修はなぜ重宝されるのか

　NHK の「週刊こどもニュース」のお父さん役で大活躍し，フリージャーナリストとして引っ張りだこの池上彰氏と「いつやるか？今でしょ！」で大フィーバーし予備校講師からタレントになった林修氏に共通することは何であろうか。またまた何の話を始めるのかと戸惑っている読者もあるかもしれないが，話はちゃんとつながっている。二人は深さを追究してきたであろうか。そうではなく，知識の幅の広さに特徴がある。池上氏は今は大学教員の肩書も併せ持つが，深さより「わかりやすさ」を重視し，さまざまな分野での豊富な知識を基に諸問題の核心部分を平易に解説することが，学生の，あるいは一般国民に歓迎されている。「初耳学」という新語も産み出した林氏に至っては，「林先生も知らないことがある」ということ

自体がTV番組の基本に据えられるほど博識である。

　二人の重宝される姿を見ていると，「深さ」に対して「広さ」も大事な要素なのではないかというスタンスでこれまで大学教育を進めてきた私は意を強くする思いがある。もちろん，「深くて広ければ」いうことなしであるが，人間には知的限界があり，その両方を究められる人間はきわめて少ない。どちらかに絞らざるをえないという前提で考えた時，教育界はこれまで「深さ」を選んできたのではないかと思われる。しかし，「広さ」を選択することもありうるのではないだろうか。

　いうまでもなく，大学生の大半は，研究者志向ではなく，一般市民として生きていく。彼らにとって，狭義の研究力を身につけることはどれほどの価値があるだろうか。例えば，「環境問題には非常に詳しいが北朝鮮問題は全く無関心」とか「マーケティング理論は十分身につけたがその地域の歴史のことはさっぱり」とかいう市民を社会に送り出すより，北朝鮮の動向が環境悪化にどう影響するのかを考えられる人材，地域の歴史的背景を踏まえさまざまなマーケティング理論を使い分けたり柔軟にアレンジしたりできる人材を育てることの方が大学にとって重要なことなのではないだろうか。こういう主張に対しては，「だからこそ大学は教養教育も含めて幅広い授業科目を提供しているのだ」という反論が寄せられそうであるが，多くの科目を提供するだけで，各人がそれをどう結びつけ統合していくかは基本的に本人任せである一方，卒業研究等ではやたら「深さ」が重視される。その結果，池上彰や林修型の人材は非常に育ちにくくなっているのが現状である。新発想や多角的思考の重要性を教条的に伝えるだけでは効果は薄い。

⑤ ライト・アクティブラーニングの考え方

　本書が提唱するライト・アクティブラーニングは，こうした問題意識を基礎におき，展開・推奨しているものである。

　教員側が「深さ」を最重要視せず，まずは「気軽に取り組めること」を重視し，結果として「広い学び」につながればそれでよいというスタンスで臨むことが肝要である。それでは「表面的な浅い学び」に終わらないかという懸念もあろうが，私は「深い学び」を全面否定するわけではないし，ましてや「浅い学び」を推奨しているわけでもない。はじめから「深さ第一」と考えるのではなく，自然にある程度深まればそれでよいのではないかという考えである。実際，私がこの15年程実践してきた授業実践（橋本メソッド）は，結果として，かなりの「深い学び」を呼び込んでいるし，学生たちもそのことを十分自覚している。当初から「深さ」を狙い，ルーブリック評価等を使って，その検証にがちがちになるより，自然体で構え，結果として深さにもたどり着くならそれはそれでよいのではないかと考えているのである。

　そして，この方向性を推進するにあたって，重要になってくるのが受講生同士の「対話」である。「なるほど，そういう考えもあるのか」「いや，それは違うんじゃない？」と思うだけではなくそれを気軽に口にできる場を提供する「学び合い」は自然の相互刺激をうみ，各人がもっている潜在的な学修意欲や能力を自然に引き出すものである。そこでは自然に笑顔があふれ，目が輝き出し，学びの楽しさを実感するようになる。逆に，多くの学生が「こんな初歩的な質問をするのは恥ずかしい」とか「他の人もあまり発言しないので自分も目立たずにいよう」とかいう心理になってしまえば対話学修にはつながらない。せっかく教室には多くの学生が集まっているのだから，その経験・感性の多様性を最大限に活用することこそ，学びを本物にすると私は信じている。この点で，文科省がアクティブラーニングの要素に「対話的」を明示したことは，きわめて的を射ている。対話を活かすことで，意図しなくても「深さ」が自然に得られることまで文科省がわかっているのかどうかは定かではないが……。

　次章では，実例としての「橋本メソッド」をもう少し詳しく紹介し，さらにこの問題を考えてみることにする。

実例としての「橋本メソッド」

橋本　勝

① 「橋本メソッド」とは

　「橋本メソッド」は前任の岡山大で 2000 年に独自に開始した多人数討議型授業で，現在の勤務先の富山大でも継続しているアクティブラーニング実践である。最大では約 260 人で実践したこともあるが，富山大では抽選で 1 クラス 100 〜 150 人ほどに受講生を絞り，それを 2 クラス並行担当するのが標準的スタイルとなっている。ただし，後期には 20 人〜 50 人ぐらいの中規模クラスでも少しアレンジして実践している。

　なお，他書でも述べたことがあるが，「橋本メソッド」という名称は決して売名行為ではなく，この授業方式を始めた頃に広島大学高等教育研究開発センターで授業実践報告を行った際，当時のセンター長だった有本章氏がそのように表現されたため，「教育学の世界では，そういう言い方をするのが普通なのか」という軽い受け止め方で使い始めたにすぎない。その後，複数の研究者が自分の研究報告の題名に引用したり，本書の執筆者でもある徳島大学の金西計英氏が SPOD（四国地区大学教職員能力開発ネットワーク）が毎年恒例で開催しているフォーラムで，（私には何の相談もないまま）「使ってみよう，橋本メソッド」なる講座を開設したりして，「引っ込みがつかなくなった」というのが実情である。また，その昔，楽勝科目（今風に言うと「楽単」）で有名だった私としては，「あの橋本でもやれる」というニュアンスも込める意味でも意識的に使ってきたが，それから 20 年程が経過している今日，「あの橋本」を知る人間はほとんどいない。私の「転身」は，今，「橋本メソッド」を受講し

ている学生たちの多くが生まれた頃の話なのである。

　科目としては，岡山大・富山大では「現代日本の考究」「社会理論と現代」「現代社会論」などの教養科目が中心だが，教育学部の専門科目としての「経済学」や非常勤先での資格取得のための専門科目としての「統計学」「消費生活論」などでも行った経験もある。私の影響を受けて，他大学で，例えば，「看護学」などの理系専門科目で実践中の方もおられる（Chapter 3 参照）し，留学生を対象にした実践例や短大での実践例もあり，かなり応用範囲は広いと考えられる。

② 普通の討議型授業と何が違うのか

　今日では，「ティーチングからラーニングへのシフト」「主体的，能動的な学び」の必要性が意識され，協同学習などの理論的裏づけも背景にした討議型授業が各地で様々に展開されている。教室改築の際もグループ作業や討議がしやすい仕様にすることも目立っているが，「橋本メソッド」はそれらの実践とかなり異なった特徴をいくつかもっている。

　①全体討議の活発さと時間の長さ：一般に討議型授業では，数人のグループごとに話し合い，それをKJ法やワークシートなどにまとめたり，それを後日，発表会で共有したりする形が多いが，「橋本メソッド」では毎回の90分の授業のうちの約60分を教室全体での討議にあてている。100人規模のクラスであちこちから発言を求める手が挙がる光景は他の授業ではあまり見られない。潜在的な発言本能を上手く引き出しているが，形式的・表面的知識の確認にととどまらず本質的な内容に踏み込んだ議論が多く，時として，授業というより学際的な学会のシンポジウム的なレベルにまで達する。しかも，笑顔や目の輝きにあふれ，楽しさを実感する知的空間になっている。欠席者は非常に少なく，授業途中での出入りもほとんどない。

　②グループ活動の自由度の大きさ：受講生は初回の授業で，友

人関係や関心テーマの重なりで3〜4人のチームに分かれ，その固定メンバーでずっと受講し，成績のうち約半分は，貢献度に関係なくそのチームの中では同じになる運命共同体的関係になる（成績の残り半分は個人点である）。授業外に集まり，自分たちで選んだ二つのテーマについて，発表の為のB4で1枚相当のレジュメ案を共同で作成することが義務付けられるが，①を実現するため，発表は1回の授業につき2チームに制限される。この点は発表機会を均等に与える公平性を重視する教育学のグループ発表とは根本的に異なる。発表チームに選ばれなければ成績も伸びないし，レジュメ案も完全にボツになって一切日の目をみないため，競争原理とゲーム感覚的盛り上がりによって，自然にレベルがアップし，個性的なレジュメも登場しやすい。一方で，私は，最初にわざと「手を抜くならいくら抜いても構わない」と宣言し，実際，その指示通りにノルマを達成するだけのチームも出てくるが，逆に，たったそれだけの分量の作品を仕上げるために20〜30時間をかけるところも出てくる。一人に任せきりのところもあるしメンバーで徹底的に議論を重ねるチームもある。対応は各チーム次第という自由さがあるわけである。また，自分たちが取り組む予定のないテーマに関しては，いわゆる反転学習的な事前学習は課しておらず，各自の自由に任せているが，時々「予習していいですか」と真顔で質問する学生もいる。授業の中では毎回，5分と3分のグループ討議時間があるが，雑談してもOKの雰囲気なのに，毎回のテーマ（従って自分達とは別テーマであることが多い）について驚くほど熱心に討議している。

　③交換日記的なシャトルカード対応：シャトルカードは岡山大以来，使っているミニッツペーパーである。こうしたツールの元祖である織田揮準（三重大学名誉教授）を手本に岡山大学が1990年代後半に大学として導入したものである。各回の感想・疑問等を授業の最後5分間で最低50字程度（標準300字程度）記してもらうものであるが，私の場合，受講生総数が何人に膨れ上がろうとも，翌週の授業時に私が一人ひとりに丁寧な手書き返信コメントを付して返

却する形を取っている。15回の授業期間を通じて学生と私との間を往復するツールであり「シャトル」はそこからつけた名前である。学生によっては長ければ1回1000字程度書く者もいるが，私もそれに応じて長い返信を書くようにしている。これに対する回答負担はかなりのものであり，睡眠時間を削って，それに取り組む私の姿を「修行僧」に例える人もいるが，若い頃，進研ゼミ（現ベネッセ―コーポレーション）の「赤ペン先生」だった経歴をもつ私にとってはさほど苦痛ではなく，授業以外の質問やスポーツ談義などにも気軽に応じている。多人数授業ではなかなか築きにくい受講生一人一人との信頼関係ができ，それが①にも②にもうまくつながっている実感がある。

　他に，あえてルーブリック評価を用いない点，競争に負けたチームを適切にフォローする「セーフティーネット」の完備の点，教員の専門外の内容もできるだけ授業テーマとして扱う点なども特徴となっている。桜美林大学名誉教授の高橋真義氏はよく「学びの場は安全・安心な場でなければならない」と強調されているが，私も同感であり，教室に多くの笑顔と目の輝きがあふれるよう心掛けている。

③ 具体的な流れ

　初回の授業では，まず，必要なら公開抽選を行う。最近は例年，150〜200名ほどの希望者から100〜120名ほどに絞っている。岡山大では大半の教養科目について受講登録の前に事前抽選が行われるが，富山大ではそのようなシステムがないので抽選は各教員の責任で行う必要がある（なお，2018（平成30）年度からは事前抽選制になる予定）。この時，重要なのは，抽選に落ちても大きな衝撃を受けないようゲーム感覚的楽しさの中で行うこと，また，どうしても受講したい学生には一定の条件をクリアすることで「復活当選」の道も用意しておくことである。私の場合は，学生参画型FDの活動

に加わることを「復活当選」の条件にしており，学生参画型FDの
メンバー確保策にもなっている。例年，復活当選者は数名程度ある
（2018（平成30）年度からメンバー確保をどうするかは大きな問題
である）。

　受講者が確定したら，B4のシラバスの補充説明を配り，授業の特
殊性を理解してもらい，それが了解できた学生には3～4名ずつで
チームを作ってもらうことになる。チームは授業の各回のテーマに
関心が共通する者同士が組むのが原則であるが，大半の学生が1年
生前期であり初対面というケースが多いから，じっくり時間をかけ
る必要がある。必要があれば，私が「仲人」的に上手くチームをま
とめることもある。

　例年，テーマはかなり幅広く設定してあるが，まず，学生には11
個のテーマのうち自分が最も関心がありそうなコーナーに移動して
もらい，各コーナー内で簡単な自己紹介などをして，もう一つ興
味・関心が共通する「仲間」を探して，チームを結成してもらうよ
うにしている。もちろん，先に友人・知人同士でチームを組み，関
心を合わせるという方法でも構わない。意外と重要なのは，1班，2
班……，あるいはA班，B班……というようなグループとせず，チ

表 1-1 2017年度前期の「現代社会論」のテーマ（日付は授業日）

①	4／24	原発再稼働問題を考える
②	5／1	日本語の乱れは変化なのか
③	5／8	北朝鮮問題について考える
④	5／15	日本でのテロの可能性を探る
⑤	5／22	2020年東京五輪への期待と不安
⑥	5／29	国債残高1000兆円以上で日本は大丈夫なのか
⑦	6／5	少子高齢化社会のメリットを探る
⑧	6／12	リサイクル批判論をどう考えるか
⑨	6／19	富山の魅力と欠点を探る
⑩	6／26	国立大学の学費は妥当な金額なのか
⑪	7／3	今，富山で大規模地震が起こったら……

ーム名を自分たちで（できるだけ表現力や個性を発揮して）決めさせる点である。橋本にチーム結成届用紙を提出するにあたって，結構「難航」するが，そのことによって，初対面同士でもかなり会話が弾み，2番目のテーマ決めにあたっては，興味・関心の他，駆け引き的要素が加わることも手伝って，何だかゲームに参加するような意識になってくる。

　各チームは，自分たちが選んだ二つのテーマについて発表の際に全員に配る発表概要（レジュメ）の案を作ることになるが，授業の中では作成はもちろん相談する時間もほとんどなく，全て授業以外の時間を使って時間調整をして集まりメンバーで協力して作成することになる。この為，複数の学部が混在するチームはハンディキャップを評価上，考慮してある。レジュメの分量はA4で2枚またはB4で1枚に限定してあるが，これは「軽負担」を印象づけると同時に，発表時間を短くする狙いがある。作成したレジュメ案は発表予定日の前回までの授業時に直接，橋本に手渡すか，発表日の5日前までに研究室まで届けてもらうが，この提出をエントリーと呼んで，一層高揚感を高めている。2回のエントリーさえすれば単位取得はほぼ確実，という安心材料を与えた上，もし何らかの理由でエントリーに失敗しても1回ならカバーできる救済手段があることも最初に伝えて，安心感をアップさせている。前節②で説明した通り，エントリーされたものの中から発表できるのは2チームのみである。発表自体より発表後の全体での討議がメインになるのが「橋本メソッド」の特徴で，発表は1チームあたり5〜10分程度なのに対し，前に立って他チームからの色々な質問に応答する時間が40〜50分ある。

　せっかく苦労して作っても発表できないこともあること，しかも発表チームに選ばれるかどうかで成績が大きく左右されることがわかると，私がいくら「手抜きレジュメでも2回のエントリーをこなせば単位は取れる」と説明しても，多くのチームは選抜に対する競争に燃えるようになる。しかも回を重ねていくと，教科書的な一般

的説明より，個性的な主張，体裁の方が選ばれやすいことがわかってきて，例えば，WEB 情報を転載するだけではなく自分たちで多くの人にインタビューしたり，レジュメの体裁を新聞記事的なものにしてみたり，対話形式のレジュメ案にしてみたりして，選抜する私の方も楽しくなってくる。また，選ばれた 2 チームは当日，他の受講者の相互評価として勝敗もつき，勝つか負けるかでも成績が違ってくるようにしてあることも手伝って，結果としてテーマに対する「深い」学びを誘発することも多い。なお，選抜で落選したチームには，私が 300 〜 400 字程度の落選理由を示すし，惜しいチームは佳作に認定して発表はできないものの受講生全員に自分たちの成果を配るようにしており，今まで，落選したことに対する苦情は 1 件もない。

　おそらく，学生にしてみれば，競争原理を通じ，ゲームを楽しんでいる感覚で，さまざまな社会問題について，自分たちなりにしっかり考え，議論した実感が残るはずである。私が各回で盲点となっていそうな部分について補足を随所に織り交ぜることも，その実感につながっているが，同じことを私が一方的な講義形式で解説しても，そこまで心には響かないのではないだろうか。

　付言すれば，こうした授業展開をスムーズに進めるため，（日程上，最初のレジュメ選抜が行われていない段階の）2 回目の授業をアイスブレイクとして活用していることも重要である。受講生に「この授業では何でも自由に発言できるんだ」という安全・安心感を植え付けるとともに，よくあるアイスブレイクだけの授業に終わらず，90 分のうち 30 分程度は，11 個のテーマには設定していない社会問題を扱い，3 回目以降の授業が活発に展開されることを受講生自身が予感するような内容にしてある。2017 年度は「18 歳選挙権について」という話題にしたが，高校などで議論させられた時とはまるで異なる活発なやり取りが展開され，カルチャーショックを受けた学生も多かったようである。

④ 評価について

「橋本メソッド」について講演・話題提供をすると，最も多いのが評価をどうしているのかという質問を受けることが多い。受講生には，2回目の授業で，解説はほとんどせずに，「得点の入り方」というA4の説明書を配布しているが，その要点を紹介しておこう。

いわゆる「形成的評価」であり，授業での積み上げで評点が加算されていく仕組みである。

この加点を総合して評価をしているが，結果として，いわゆる「優」評価は例年，4割前後となる。学生側からすると，途中の段階でも，自分の成績がおよその所で察知できるため，例えば，「2度目のエントリーは何としても選抜されるよう頑張ろう」とか，「もう単位取得は確実だから，あとは気楽に行こう」とかいう気分になるはずである。また，最初の頃は，得点目当ての質問も目立つが，途中

表 1-2 「橋本メソッド」の「得点の入り方」

I	チーム点	（上限55点　積み上げで55点以上に達すると55点）
	エントリー点	1回につき10点（但し，2学部混成の場合や留学生や上級生等がメンバーに入っている場合は各1点加点。
	発表点	（質問に対する応答ぶりも含めて橋本が判断し）内容に応じて5〜10点
	勝利点	受講生の支持の多かったチームに，票差に応じて点を加算（10票差以上がつけば5点。5〜9票差なら4点，相手チームに1点。4票差以下の場合は引き分けとし，両チームに3点ずつ加算。
	質問点	1回につき1〜2点（大半は1点，非常に鋭い質問，上手い質問が例外的に2点）
	グループワーク点	第2回の授業等で行うグループワークで内容に応じて1〜3点
II	個人点	（上限55点　積み上げで55点以上に達すると55点）
	シャトルカード点	（第2節③参照）原則1回に付き2点（但し，非常に鋭いコメントの場合は★を付け3点。）尚，コメント内容は授業内容との関連の有無は問わず，授業と無関係な内容でも★をゲットすることもある。コメントの分量が2行に満たない場合や全く無意味な内容の場合は0〜1点。
	試験点	最終回の授業の中で実施する小テスト:20〜25点満点

からは，むしろ発言すること自体が楽しくなってきて，得点はどうでもよくなってくる。自分の発言力・質問力向上のトレーニングとして活用する学生も出てくるし，低学修意欲の学生の発言ぶりに触発されて，「よーし，自分も」という気持ちになる学生もいる。評価の中での位置づけ的にも質問点は大して大きくないから，もし得点狙いなら，レジュメ作りに勤しむようになる。

⑤ ライト・アクティブラーニングに向けて ·····················

　アクティブラーニングの推進においては，学生が必要以上に負担に感じてしまうようなことは避けるべきである。上述の通り，「橋本メソッド」では，受講生は遊ぶように学んでいる。ゲームに勝とうというのと同じ感覚で，結果として相当な「授業外学修」をしてしまう学生もいるが，そこには負担感はあまりない。試合・大会で勝つことを目指して自主練習を重ねる部活と似たような感覚であろう。また，いかにも軽い負担で，「そのくらいならやってみようか」という気持ちにさせ，潜在能力を自然に引き出す授業設計（同時に，意欲の高い学生の学生も満足できるような設計）にすることも肝要である。学生から笑顔と目の輝きが消えてしまうようでは，いかに深い学びに繋がっても決して好ましい学びとは言えない。

　なお，私の授業実践は，全てを公開しており，岡山大・富山大を通じ，400 名以上の方が参観に訪れている。上述の説明が嘘だと思うなら，あるいは自分の実践のヒントにしたいならいつでも富山に来て頂ければ幸いである。

Chapter 2

やってみようアクティブラーニング

金西計英

① はじめに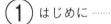

　海の向こうでは高等教育の枠組みが大きな音を立てて回転している。MOOCのようなオンライン学習サービスが話題になって久しい。単純に、そして純粋に、知識の伝達が目的なら、もはや大学での対面の集合式教育に頼らず、オンラインで学習が可能である。オープンな学習環境で知識の習得ができるなら、高等教育機関は対面講義で何を教えれば良いというのだろう。

　筆者は、典型的な地方国立大学に勤務しているが、地方国立大学は世界のトップ大学の動向とは無関係と言い切れるだろうか。個々の大学は孤高を保つことなどできない。遅かれ早かれ、グローバルな潮流は、世界の高等教育界の隅々まで押し寄せる。ただし、これはあくまでも教育面の話であり、多くの教員にとって教育の事情というのは他人事でしかない。授業は自身の研究を阻害する邪悪な存在でしかなく、教育のあり方がどうなろうと知ったことではない。海の向こうの出来事で、いちいち危機感を抱くなんてことはない。

　もっとも、まじめに教育に取り組んでいる教員も少なからず存在する。いずれ大学における授業のあり方が変化するとして、実際に地方国立大学へ変化の波が押し寄せてきたとき慌てないために、本章では、筆者らが取り組んできた「橋本メソッド」の実践についてまとめることで、自分自身へと、教育に熱心な教員へささやかな応援歌にしたい。新しい教育の形は「橋本メソッド」だ、などとたいそうなことをいうつもりは毛頭ない。そんなことは浅学の徒にわかるはずもない。とりあえず、本章は実践の記録を示すだけであ

る。ものぐさな筆者は，なかなかまとめるということをしない。今回，チャンスを得たことを感謝しつつ，この機会を利用したわけである。大げさな問題を提起しておきながら，答えはわからないではまとまりがつかない。教育の現場は教室であり，実践は教室の出来事である。これから起こる日本の大学教育を取り巻く変化も，とどのつまり，現場の話である。真理は現場に宿ると誰かが言ったように，答えは実践の中にあると筆者は信じる。実践を愚直に進めていれば，環境の変化にさらされても，何とかなるさ，という楽観論がここでの結論である。

　本章は，アクティブラーニングを学術的に解き明かすといった高尚なものではない。あくまでも著者らの直観的な独白であり，実践を整理したものである。ただし，筆者は実践の記録をまとめ，提供することは，有益なことだと考えている。数はよくわからないが，国内の大学に一定数のすばらしい実践を展開中の教員はいるし，試行錯誤中の教員も少なからずいる。そうした教員へ向けて，実践を共有することに意味はあると考える。

　本書の企画者である橋本は，ライト・アクティブラーニングという言葉を，普通のアクティブラーニングと対比して用いる。筆者らも，そうした主旨に沿って，本文をまとめたつもりである。ライトは軽いということである。ただし，この場合のライトは実践が軽いという意味ではない。では，何が軽いのか。松尾芭蕉が目指したわび，さびの境地に「かるみ」とう言葉がある。ライトはこうした「かるみ」に通じる言葉なのかもしれない。実践が軽いのではなく，実践が繰り返されることで軽くなる，洗練されるのである。勝手に解釈すると，軽いとは実践するものの心の内のあり方を示したことなのかもしれない。実践を繰り返すのは，なかなか負担である。しかし，疲労感一辺倒ではやっていられない。いささか自虐的であるが，苦しさの中に手応えのようなものを感じる（錯覚かもしれないが）瞬間がある。無論，楽しみは実践する教員によってそれぞれ違うが，何かしら楽しさを感じるのだと思う。実践を深刻に捉えるの

ではなく，実践には楽しむものだと思える。本章によって実践の楽
しさ，おもしろさが少しでも伝われば幸いである。

② いろいろな「橋本メソッド」

ここでは，筆者らの「橋本メソッド」との出会いから現在までの
経緯について簡単に述べる。

筆者は，2010年後期から「橋本メソッド」を取り入れた授業を始
めた。当時，文部科学省から学士課程の転換に関する答申が出され，
大学では「質保証，質保証」と叫ばれる状況が出現していた。筆者は，
こうした文脈の中で，授業を講義形式から新しい方法へ変更できな
いか，と考えていた。漠然と問題意識はもっていたものの，どうし
たらよいかわからない迷える子羊だった。あるとき，学内のFD講
演会の案内を見て，偶然，「橋本メソッド」という言葉を知った。そ
のの講演会には出席せず，あくまで，言葉だけとの出会いであった。
後から自分なりに「橋本メソッド」について調べてみたが，結局よ
くわからなかった。講義とは違う新しい方法らしいし，とりあえず
試してみよう，という乱暴なきっかけで「橋本メソッド」を始めた。

文献等から得た知識で授業を始めたものの，よくわからないま
まの見切り発車だったのでわからないところは想像で補うしかなく，
試行錯誤の連続であった。橋本の文献にあった「見学は自由」とい
う言葉を信じ，連絡をとったのは，授業が終盤に差し掛かった2011
年の1月のことだった。見学して感じたことは，始める前に見学
しておけばよかった，の一言である。このようにドタバタした形で，
筆者らの「橋本メソッド」に対する模索は始まったのである。

2010年以降，いろいろな文献が出ているので，周知のことだと
思うが「橋本メソッド」というは双方向型の授業形態の一種である。
「橋本メソッド」における教員のアレンジの幅は大きい。つまり，い
ろいろな「橋本メソッド」が存在するわけである。着想を得ました，
というだけでは厳密には「橋本メソッド」とは呼べないかもしれな

いけれども，本人に「橋本メソッド」のアレンジだと自覚があれば「橋本メソッド」なのだろう（と私は考える）。筆者は2010年以降，複数の科目で「橋本メソッド」を実践している。主に教養科目で実施しており，毎年2～3科目，「橋本メソッド」を行っている計算である。授業によって細かいところは違っているし，毎年，改良しているつもりなので，筆者の中でもいろいろな「橋本メソッド」が混在している。科目によって履修生はいろいろであり，「橋本メソッド」のアレンジが変わってくる。100名前後の科目，50名程度の科目，20名程度の科目とさまざまである。また，10名以下のときもあるが，さすがに，10名以下の科目では「橋本メソッド」を実施していない。筆者は履修者の人数に応じて，グループの構成員数，グループの数を調整している。また，発表を，エントリー制ではなく，全グループ発表だったり，指定したグループ発表だったりとする。ここ数年，授業の状況に合わせ，いろいろなことを試してきた。その結果，「橋本メソッド」というのは，いろいろと調整可能ということを学んだような気がする。

　2013年以降は，海の向こうから反転授業なるものが入ってきた。これを受けて，「橋本メソッド」に反転授業の要素を組み込むこととした。詳細は次に述べるとして，少なくとも筆者の感覚としては，結果として「橋本メソッド」と反転授業の相性はよいように思える。そもそも，反転授業は枠組みの提案であり，手順ははっきりとしていない。対面授業で何をするかといったことは曖昧である。「橋本メソッド」は，このはっきりしない部分にぴたりとはまるように感じられるのである。筆者らは深い学びがどうこうというよりも，枠組みとして反転授業を考えたとき，「橋本メソッド」と反転授業は相性がよいのでやってみようという，これまた乱暴な話で始めたわけである。

　一方，2011年度から，四国地区の高等教育機関によるFDコンソーシアムである「四国地区大学教職員能力開発ネットワーク：SPOD」が毎年開いているイベント（SPODフォーラム）において，

大胆にも（橋本氏に何の断りもないままに）「橋本メソッド」を広める取り組みを始めた。責任をもって「橋本メソッド」を語れるのか，という批判はさておき，アクティブラーニングの実施を求められて困っている教員に，一例として橋本メソッドの情報を提供できれば，と考えた。また，「橋本メソッド」の授業は基本的に誰でも見学OKという姿勢を学んだためでもある（筆者が模範になるような授業をしているわけではない）。多くの先生と，授業実践の情報を共有することが重要だと考えている。もちろん，共有することによって筆者らは批判されることもあるだろうが，実践者のコミュニティを形成し，相互に切磋琢磨することが重要だと思う。小難しい理屈はさておいて，現場で実践すること，実践を高める試みを続けることが大切というわけである。もっとも，忙しい中，わざわざ見学するというのはたいへんで，実際の見学希望は年間1～2件である。これまで累積で見学者は数名といったところである。

③ 「橋本メソッド」・イン・ザ・反転授業 ……………

　ここでは，反転授業について簡単に説明する。2014年以降，筆者らの行っている「橋本メソッド」は反転授業となっているからである。橋本氏は反転授業に批判的なようであるが，「いろいろな橋本メソッド」の自由度の中では，筆者の実践も一定の意味，意義をもつという信念があり，なぜ，反転授業を取り入れたかについて少しくわしく説明したい。なお，筆者は，反転授業をeラーニングの活用形態の分類上，オンライン学習と対面授業を組み合わせたブレンド型と呼ばれるものであると考える。

　従来，eラーニングとは，学習者が自学自習で行う形態の学習としてとらえられてきた。オンライン学習とも呼ばれている。オンライン学習では，インターネットに接続されたPCに学習者が独りで対面し学習を進める。学習者のPCには教材が提示される。教材とは，講義ビデオだったり，pdfなどの文字中心のテキストだった

り，アニメーションを含んだインタラクティブなテキストだったりする。また，必要に応じ，コンピュータベースの演習問題（選択肢問題，空欄補充問題等）や，教師や学生がやり取りするためのフォーラム（電子掲示板）などが用意される。ただし，2000年を過ぎたころよりeラーニングに対するイメージに変化がみられる。オンライン学習と対面の講義を組み合わせる方式が生まれてきた。自学自習のeラーニングと対面授業を組み合わせる学習形態，ブレンド型授業が生まれた。

　一口に組み合わせるといっても，対面授業とeラーニングの組み合わせ方は多様である。学内に整備されたPC教室等で学習者はオンライン学習を行い，その間，教員は机間巡視をしながら，助言等が必要な学習者にフィードバックを返すといった形態，主に自習でありそこに個別学習を取り入れたものから，ある週の授業回はeラーニングによるオンライン学習をPC教室で行い，次の週は，通常の教室で全体討議を行う，オンライン学習，全体討議を交互に行う形態といった様に，さまざまな形態が提案されている。これまでのeラーニングの研究から明らかになったことは，オンライン学習だけ，対面授業だけよりも，ブレンド型授業の方が学習効果が高いということである。

　2010年ごろよりブレンド型の授業の中で，反転授業が注目を集めることとなった。反転授業は，オンライン学習で予習を行い，対面授業ではオンライン学習の復習を行う形態の授業である。知識伝達はオンライン学習の予習で行い，対面授業では知識の定着を目指す復習が行われる。一般に反転授業として紹介されたのは，この枠組みだけである。具体的な事例として紹介されたのは，カリフォルニア州立大サンノゼ校の対面授業で演習を行う事例と，スタンフォード大学の医学部の対面で議論を行う事例である。反転授業はシンプルな枠組みなので，国内でも広がりつつある。一方，対面授業の組み立ての詳細は決められているわけではない。そのため，反転授業を行う場合，対面では復習を行うといっても，具体的な手順が示さ

れていないと，実践する方は不安になる。

　筆者らは 2013 年に反転授業を知り，わかったことは，「橋本メソッド」は，反転授業で行うことを想定していたかのように，ピタッと当てはまるということである。「橋本メソッド」では，対面授業前の事前のグループ作業は必須であり，課題についての背景の理解も必須であった。背景の理解については，授業の終わりに講義を行うといった形をとっていたが，発表や討議の時間が削られていた。また，時間不足のため講義そのものも中途半端となることが多かった。反転授業を取り入れることで，知識伝達に関する部分を対面で行う必要はなくなる。2013 年より，予習用コンテンツを用意し，授業中に説明を行わなくなった。予習用コンテンツは 10 分程度の動画であり，学内の授業支援用サーバ（Learning Management System）に各回 2 〜 3 本用意した。学生は，事前にビデオ映像を視聴する。予習コンテンツの視聴後，グループでレジメを作成する。「橋本メソッド」と反転授業を組み合わせることで，「橋本メソッド」ではやや足りなかった部分が，補完されることになり，一石二鳥というわけである。

　なお，「橋本メソッド」と反転授業を組み合わせ上で，予習用コンテンツを準備するという負担が新たに発生する。もちろん，MOOC 等の公開されているコース，既存のコンテンツを流用するという手もある（学生には MOOC の＊＊コースを視聴しておくように指示する）。コンテンツ作成の手間は，2000 年ごろから比べれば，かなり下がっていることは確かである。もちろん，費用や，手間をかければプロが作ったようなコンテンツを作ることはできるが，それは「橋本メソッド」の主旨ではない。お手軽にコンテンツを作ることは可能であり，お手軽なコンテンツで問題はない（いくらお手軽と言っても，負担が増えることに変わりはないけれど）。あるいは，楽しみながらコンテンツを作れるかということになる。アクションカメラがあれば，カメラをセットし，白板の前で一人授業をすることで，十分から数十分のコンテンツを作ることができる。また，Web

カメラ内蔵のラップトップPCがあれば，プレゼンテーション用ソフトの画面をキャプチャ（録画）しながら，講師の映像・音声をミックスしコンテンツを作成するソフトウエアがいろいろ存在する。このような画面キャプチャソフトを使うことで，コンテンツ作成は簡単に行える。撮影後，編集ソフトを使って編集を行うというよりも，撮ったものがそのまま完成となる。撮り終わった映像ファイルをそのまま動画配信サーバへアップロードする。編集なしだと，多少，おかしなところが残るかもしれないけれど，手間はかからない。予習用コンテンツの作成はめんどうではあるが，楽しみながら取り組むことは可能である。独りカメラに向かって授業を行うのは妙な気分ではあるが，案外ノリノリになる。予習用コンテンツの作成は，肩肘張らずやれば，何とかなるものである。

　学生にとっても，教員にとっても，「手軽さ」「楽しさ」をともなう反転学習であれば，「橋本メソッド」の精神は活かせるというのが私の考えである。

④ やってます「橋本メソッド」

　ここでは，筆者らが行っている「橋本メソッド」について具体的に述べる。筆者が担当している授業の中から，「情報メディアと教育」という共通教育科目について説明する。この授業は，筆者らが最初に「橋本メソッド」として行ったものであり，10年近く行っている。ここで取り上げたのは，筆者らの実践の中で標準的な授業となっているからである。

　この授業は，2名の教員（金西計英と吉田博）で担当し，2010年から2017年まで，後期火曜日の1コマ目（8:40～10:10）に行っている。秋から冬にかけて，朝一の授業なので，学生はなかなかつらいものがあるようである（筆者も個人的に冬の朝はあまり楽しいものではない）。この科目は，インターネット上でのメディアを中心に，新しいメディアの特徴や仕組みについて理解し，新しいメディアの

活用について理解すること目標としてシラバスに載せてある。この
授業は，Twitter のようなソーシャルメディアを学生に紹介し，メ
ディアとしての接し方について考えさせるものであるが，科目の名
称に教育とついているのは，一方で，本授業自身を対象とし，初年
次の学生に大学で学ぶことの意味について考えさせることも行って
いるためである。

　「情報メディアと教育」は，共通教育科目であり，主に 1 年生と 2
年生が受講する。全学部の学生が対象であり，比較的多様な学生が
集まっている。授業を始めた 2010 年度は 130 名の学生が履修した
が，以降，年によって変動が大きく，50 〜 100 名程度で推移してい
る。1 回目の授業で，授業の進め方，「橋本メソッド」について説明
を行う。すると 2 回目の授業で蜘蛛の子を散らすように学生がいな
くなる。本学では履修の修正期間が設けられており，1 週目はお試
しという意識が学生にはあり，授業が面倒臭いと思うと履修を取り
消し 2 週目にはいなくなる。反面，残った学生の意欲は高いという
ことになる。ここ数年，精鋭で授業に臨んでいるつもりである。

　この授業は 2 名の教員で担当しているが，結果的に 2 名体制にな
ったものである。というのは，「授業を見学させてください」と申し
出た吉田を，引きずり込んだのである。もちろん，2 名でやること
の良いこと，悪いことはあるものの，メリットの方が大きいように
感じる。「橋本メソッド」は，学生にとってややこしいが，教員にと
ってもややこしい。一見すると，準備がいろいろとたいへんである。
各種ポイントの点数管理，大福帳（授業毎の「ミニッツペーパー」）
の返信コメント書き，事前学習用の教材コンテンツ作成と，やるこ
とがてんこ盛りである。独りでこなすより 2 名の方が断然よい。ま
た，教員が 2 名いるということは，相互に授業を参観しているよう
なものであり，適度な緊張感を生み出し，なあなあになることを防
いでくれているような気がする。

　筆者らの行っている「橋本メソッド」というのは，課題解決型学
習であり，グループ学習である。学生に課題を提示し，グループで

課題について調べ，意見をまとめる。その結果を発表し，全体で討論を行う（我々は，グループのことを橋本氏同様，チームと呼んでいる）。これを，毎回行うことで授業が進む。以下に2016年度の授業で扱ったテーマについて次に示す（課題は1回目の授業において，学生に提示する）。授業の1回目から3回目は準備期間とし，オリエンテーションやグループワーク，プレゼンテーション，現代メディアについての講義を行う。「橋本メソッド」を知らない学生に，初回から「橋本メソッド」を行うのは無理である。「橋本メソッド」で授業を行うのは4回目以降となる。例年，4回目から14回目の11回を「橋本メソッド」で行っている。筆者らの大学では定式試験後に15回目授業を行っている。15回目の授業は，定期試験の結果説明や，授業全体の総括を行うことになっている。

「橋本メソッド」の特徴の一つにゲーム性というものがある。「橋本メソッド」はゲームの要素が巧みに取り入れられている。ゲーム性は，ポイントというものが大きく関わっている。ポイントを他者よりも多く集めるという暗黙の枠組みが設定される。この授業では，

表2-1 課題の例（2016年度に扱った課題一覧）

授業回	テーマ	発表日	提出日
4	やらせと過剰演出はどう違うのか？	10/25〈火〉	10/21〈金〉
5	あなたは個人情報のことを考えたことありますか？	11/08〈火〉	11/04〈金〉
6	なぜLINEにはまるのか（依存してしまうのか）？	11/15〈火〉	11/11〈金〉
7	TPPに反対・賛成（二次創作は悪なのか）？	11/22〈火〉	11/18〈金〉
8	オタクは地域を変えることができるか？	11/29〈火〉	11/25〈金〉
9	この授業の良い点・悪い点とその改善策は？	12/06〈火〉	12/02〈金〉
10	MOOC来襲で日本の大学は必要無くなるか？	12/13〈火〉	12/09〈金〉
11	人類はAI支配されるのか？	12/20〈火〉	12/16〈金〉
12	ポケモンGOの社会的な意味を考える？	01/17〈火〉	01/12〈木〉
13	【学生提案】 VRは我々に役に立つか？	01/24〈火〉	01/12〈木〉
14	ソーシャルメディアは我々の生活を豊かにするのか？	01/31〈火〉	01/20〈金〉

授業内のいろいろな活動に対しポイントが付加されることになっている。ポイントというのは平常点のことであり，授業の最終評価の一部となっている。例えば，チームで発表するとチームへ5点加点，授業中に発言すると発言者に1点加点といった具合に，授業のさまざまな活動がポイント制になっている。ポイントはチームに対する加点と，個人に対する加点がある（チームへの加点というのは構成員に対し均等に加点されるものである）。最近の学生は幼いころよりゲームに接しており，ゲームの要素がちりばめられることは，彼らの琴線をくすぐるようである。授業にゲーム的な要素を取り入れた点は「橋本メソッド」デザインの妙である。ゲーム性によってチーム間に競争が醸し出される。チーム間で競い合うことで，モチベーションを高く維持させる学生が出てくる。ゲーム性の度合は，授業のいろいろな活動の組み合わせによって難しくしたり，容易にしたりと，調整可能となっている。「橋本メソッド」を受けた学生はおもしろいという感想をもつが，これは，ゲームの難易度の絶妙な設定に依ると考えている。チーム数をどれくらいにするか，チーム得点の配点をどうするか，授業の準備において毎年，頭を悩ます点である。例えば，チーム加点の配分を大きくするとフリーライダーが発生し易くなる。なぜなら，本人は何も努力しなくても優秀なグループにさえ所属すれば，単位が得られるからである。フリーライダーの存在は，構成員のモチベーションを下げる要因の一つとなる。

　筆者らの経験では，「橋本メソッド」は学生数が100名を超えたぐらいが一番盛り上がるように感じる。学生数が50名以下になると，授業は余り盛り上がらない。学生数が150名を越えると，やはり盛り上がらないように思われる。学生数が多くなりすぎると，さまざまな学習活動を均等に割り振ることが難しくなり，フリーライダーの数が増えることが予想される。結果的に，クラス全体のモチベーションが上がらないような気がする。

　さて，「橋本メソッド」の中身を具体的にみていく。「橋本メソッド」のある1回の授業の様子について述べる。授業といっても，筆

図 2-1 2016 年度の授業の様子

者らが学生に課している活動には，以下のように授業内で行うもの，授業外で行うものがある。①は授業外の活動であり，②以下が授業中の活動である。

> ①グループワーク（コンテンツの視聴，調査，レジュメ作成・提出）
> ②大福帳の返却，前回授業の振り返り
> ③チームの発表
> ④全体討議
> ⑤次回のエントリー
> ⑥大福帳の記述・提出

「橋本メソッド」では学生は授業の外でいろいろとやらなければならないことがある。このあたりが，この授業がいやがられる原因だと思う。さて，「橋本メソッド」の学習の起点となるのは，課題の提示である。授業のオリエンテーションの段階で，11 回分の課題全てを提示する。ただし，学生には授業の進行上，課題は変更になることがあると説明している。また，課題の一つは学生からの提案によるものとして設定し，オリエンテーションの段階では未定である。授業の途中（5，6 回目あたり）で，学生からの原案を募り，決定している。

　この授業では，対面授業の前に，チームで予習を行うことになっている。まずチームは予習用のコンテンツを視聴し，個々に学習を進める（チームで視聴してもかまわない）。その上で，課題について

調べたり，議論したりする。チームで結果をまとめ，レジュメを作成し，提出する。この授業では，レジュメと称するドキュメントの提出を課す。レジュメはチームの活動の記録であり，チーム活動の評価の資料として用いる（ポイント加算の対象となる）。レジュメはフリーフォーマットで，とにかくチームの意見を１枚の用紙にまとめて提出することになっている。そのため，手書きするもの，PCなどを用いてカラフルに作成するものと，バラエティに富んだレジュメが提出される。各チームは，毎週レジュメを提出する。また，発表するグループを選抜するため，レジュメは授業の前週に提出することになっている。なお，提出されたレジュメは，eポートフォリオシステム（本学ではMaharaを利用）を用い，授業の前に学生は全てのチームのレジュメが参照できるようになっている。eポートフォリオシステムとは，ユーザ間でファイルの共有や，グループ作成が自由に行える学習支援システムの一つである。eポートフォリオの授業チームによって，学生は，相互に全てのレジュメを確認し合える。2015年度からは，レジュメの参照（共有）だけではなく，他のグループのレジュメに対し，コメントを書くようにした。他のチームのレジュメを見て，コメントを書くという活動を，個人の活動として学生へ課した。ここまでが，対面授業の前にまでに行う活動である。

　今度は，対面授業の進め方について述べる。学生は教室に入ると，教室の前にはチーム名を書いたプレートとチーム毎にまとめられた大福帳が置いてある。教室に入った学生は，このチームプレートと大福帳を持ってチーム毎に集まって着席する。

　いよいよ授業の開始である。講義の冒頭で，前回の振り返りと勝利チームの発表を行う。振り返りは，大福帳に記されたコメントの中で，共有した方が有益だと判断されるものを取りあげる（氏名は公表しない）。続いて，前回の発表に対し，勝利したチームを発表する。勝敗は，学生の得票に基づいて決める（まれに，同数で両者勝利となることがある）。

　授業では，毎回2チームが選抜され，自分たちの行ったグループワークについて発表する。発表は，チームの申告に基づいて行われるが，希望したチームが必ず発表できるわけではない。発表は2チームと固定されているため，選抜が発生する。発表の事前申告をエントリーと呼ぶ。授業の最後に，次回の課題について発表したいと手を挙げることがエントリーである。エントリーは，各チーム2回までと設定している。エントリーの回数に制約を設けているのは，ポイントを目当てに，実際に発表するつもりがないにも関わらず，エントリーだけを行うことを防ぐためである。エントリーしたチームの中から2チームが選出される。この2チームが授業で発表する。授業の冒頭で選抜チームを発表する。エントリーすることで，チームにポイントが付加される。選抜されることで，さらにチームにポイントが付加される。チームの選抜は担当教員が行う。選抜チームを発表する際，選抜した理由を説明する。選抜はレジュメを基に教員が行う。実際問題，チーム選びに困ることがある。そのため，選抜にあと一歩というチームが出てくる。このような場合，あと一歩だったことを称え，佳作ポイントを付加する。なお，佳作ポイントは発生した場合にのみ設定される。なお，選ばれたチームのレジュメは，印刷し配布する。選抜されたチームのレジュメを配布するのは，発表用資料として用いるためである。

　選出された2チームは，前に出て発表を行う。発表時間は10分以内と設定している。各チームは，趣向を凝らした発表を行う。多くのチームは，PCのプレゼンテーション用ツールを用いてプレゼンを行う。中には，追加の資料を配付したり，PC無しのプレゼンを行ったりするチームも出てくる。チームの発表が，その後のクラス全体での議論の起点となる。

　選抜されたチームの発表の後，クラス全体で議論を行う。発表した2チームは，教室の前面に出てきて，クラスの質疑を受ける。議論は全体で行う。エントリーしたものの発表できなかったチームから，鋭い質問が飛び出すことがある。課題によって，1回の講義で

は議論の時間が足りないと感じることもある。逆に，議論がもう一つ盛り上がらないと感じることもある。議論では，教員はファシリテーター役に徹するべきであるが，筆者は学生からしゃべりすぎと批判を受ける。議論が盛り上がり，時間が足りないと感じても，次回へ議論を持ち越すことはしない。最近の大学生は質問のため，自ら手を挙げることはなく，毎年，議論が成立するかどうかひやひやする。幸い，これまでの授業では，手が挙がらないということは少なく，むしろ挙った手をどのように交通整理するかが問題となってきた。

　授業の最後に，大福帳と評価シートを提出してもらう。大福帳は，三重大学の織田揮準氏が開発した学生と教員のコミュニケーションカードのことで，A4版の1枚の厚手の紙である。大福帳は，学生と教員の間の交換日記のようなものである。岡山大学が織田氏の講演を機にシャトルカードと改称し，学内外に広めているためその名前でも多くの大学に広まっている。編者の橋本氏もシャトルカードと称している。大福帳（シャトルカード）には，授業の質問，コメントでもよいが，授業に関係のないことを書いてもよいとするのが一般的であり，筆者らの実践でも，大福帳に書かれる内容は，授業に関するものが多いものの，授業とは関係のないものもありさまざまである。また，発表した2チームのどちらがよかったか勝敗を書くことにしている。この結果を教員が集計し，勝利者を選んでいる。勝利することで，チームにポイントが加算される。

　この授業では，11回ほど「橋本メソッド」の形で授業を行う。最後に，成績評価のために定期試験を実施する。成績評価は，平常点を50点，定期試験を50点としている。平常点は，授業中に加算される各種ポイントの総計のことである。例えば，大福帳を1回書く毎に，個人に1点加算となっており，15回書けば15点となる（書かれた内容によっては，さらに加点されることもある）。平常点と最終試験の点数を合わせると，100点を超えることがある。そこで，最終的に成績評価は最高点が100点になるよう調整する（得点調整

のことは，学生に説明してある）。

　この授業では，チームの配点が大きく，普通に授業に出てくれば60点が取れるようなっている。いろいろ活動が課せられるため，めんどうくさいものの，楽勝科目かどうかといえば，楽勝科目である。授業をドロップアウトして来なくなるといったことがなければ，単位を落とすことはない。この安心感は学生にとっては重要である。

⑤「橋本メソッド」の楽しみ方

　さて，「橋本メソッド」は，実際のところ，学生と教員にとって，役に立つものなのだろうか。著者らが気づいたことをいくぶん主観的にまとめてみよう。

　反転授業が導入されたころよりアクティブラーニングの効果を語るとき，深い学習に注目が集まっている。深い学習の内容として，学習の枠組みを理解したり，学習過程を自己モニタリングしフィードバックを掛けたりとか，学習の戦略を学ぶといったことが挙げられる。筆者らはよく「学ぶことを学ぶ」といった説明を行う。つまり，深い学習とは，メタな学習だと理解している。最近の風潮として，何でもエビデンスが求められるが，メタな学習を直接計測することは困難である。そもそも，計測可能ならメタとは名づける訳がない。そのため，メタな学習の場合，エビデンスといっても，計りようのないものを計るわけで，間接な証拠を集めることになる。間接的なデータを積み重ねることは重要であるが，それは幽霊を探すようなもので，この手で捕まえたと思った瞬間，手のひらからするりとすり抜け，新たな課題だけが残る。「橋本メソッド」の学習の中には深い学習も含まれると考えているが，著者も，「橋本メソッド」の効果として深い学習の姿を捉えることに四苦八苦している。

　あらためて「橋本メソッド」には効果があるのだろうか。この漠然とした問いかけには，さまざまな解答が存在する。そのため，筆者は，やってみれば分かる，と答えるようにしている。結局，この

問いの答は，教員の主観的な評価に頼らざる得ない面があり，実践した教員それぞれの回答があるような気がする。筆者の答えは何だろうか。「橋本メソッド」はおもしろいということではないかと思う。「橋本メソッド」は，教師，学生にとって，いろいろな活動を強いるという点では，従来の対面授業に比べると負担は大きい。それなのにおもしろいとはどういうことだろう。

　まず，学生のおもしろい側面を考える。授業を進めると，学生の教員の想定を超えた振る舞いに出くわす瞬間がある。アクティブラーニングは学生の活動を主とするが，それはあらかじめ教員がデザインしたものである。つまり，予定調和の世界である。学生は教員の設定した世界の中で活動している。しかし，学生が教員の設定した枠の外に飛び出すことがある。よい意味での想定外である。課題の答えを求め実社会で実験を試みるもの，1回の授業のコメントに大福帳まるまる1枚使うようなものが出てくる。また，「橋本メソッド」を課題としたとき，学生が橋本先生に直接コンタクトを取ったときは正直慌ててしまった。学生が枠を超えることは驚きであるが，教員はそうした学生に手応えを感じる。もちろん，学生にとって何かおもしろいことがあるからしでかすのだろう。教師が驚いたとき，学生が一体何を学んだのかを説明することは難しいが，筆者らは，深い学習がそこにはあると信じている。多少，危なっかしいところはあり，十分なケアは必要である。

　一方，教員にとっておもしろい側面を考える。「橋本メソッド」はたいへんであり，自虐的な教員向けなのかもしれない。授業は，学生の反応がダイレクトにわかり（例えば，議論が盛り上がっている，盛り上がらない等），学生と一体になって授業をしたという充実感は高い。つまり，授業を学生と一緒に創っているという感じが得られる。授業を行っていると，つくづく，授業は生き物であり，ライブということを強く意識するようになる。反面，授業がどうなるかは，やってみるまでわからない。どうすればうまくいくかあれこれ考えるようにもある。寒い1月の1コマ目の授業に集まる学生の顔

を見ると，なかなかやめられないものがある。

　この授業によって，一部の学生には，教えられることから，学ぶことへの転換が進んだように思う。最近の学生は，教えられることに慣れている。しかし，学ぶということ疎い。大福帳に，「何のためにこんなことをするんですか」「どこまで勉強すればいいんですか」といった質問がよく書かれている。一応，勉強は誰かに頼まれたからするものではない，とか，どこまで勉強すればよいかは自分で決めることだ，とか答える。教員の説明に対して，学生は狐につままれたような顔をするが，授業が進むにつれ，学生は頼まれもしないのに勝手なことをやりだす。こうした姿を眺めていると，学ぶこと理解の入り口にはたどり着いたのではないかと考える。残念ながら，全ての学生に効果が見られたとはいえない。しかし，「橋本メソッド」によって変化の芽は生まれると感じる。

　結局，いろいろな知識を教えることはできるが，教えたからわかるわけではない。自ら学ぶことが本質である。学ぶことを学ばせることは容易ではない。いや，非常に難しい。学ぶなんてことは，教えてわかるものではないという声が聞こえてくる。学ぶということは知識ではないので，体験を通して理解（納得）するしかない。学ぶことを学ぶには，格好よくいえば，学ぶことのおもしろさに触れるしかないと考える。楽しく学ぶことが大切である。「橋本メソッド」にとって「楽しさ」は最も大切な要素だということは橋本氏もよく指摘されているが，筆者もそれを実感している。何となく講義を聞くだけより，いろいろな活動が盛り込まれている点が，おもしろさ，楽しさを感じる理由の一部なのだろう。少なくとも，「橋本メソッド」を受けて勉強が嫌いになったという声は聞かない。グループワークを忌避する学生もいるが，授業が終わってみればおもしろかったという。何となくグループに入ったのに，リーダー役の学生がドロップアウトし，気がつけば自分がリーダーだった学生も出てくる。実際，いろいろなことが起こる。学生へのアンケートからは，この授業の対する学生の満足度は高く，勉強したという充実感も高

いことがわかった。結局,「橋本メソッド」と深い学びの関係は曖昧なままである。ここは一つ,日本の多くの先生に「橋本メソッド」を実践して試してもらいたいと思う。やってみればわかることに尽きる。なお,筆者も,見学は自由のスタンスなので,気になることがある場合は,いつでも連絡されたい。

【引用・参考文献】

織田揮準 (1991).「大福帳による授業改善の試み」『三重大学教育学部研究紀要』,第 42 巻,165-174.

清水　亮,橋本　勝,松本美奈 [編] (2009).『学生と変える大学教育—FD を楽しむという発想』ナカニシヤ出版

清水　亮,橋本　勝 [編] (2013).『学生と楽しむ大学教育—大学の学びを本物にする FD を求めて』ナカニシヤ出版

吉田　博,金西計英 (2011).「双方向型授業の取り組みにおける成果と課題」『大学教育研究ジャーナル』,第 8 号,128-137.

吉田　博,金西計英 (2012).「学生の授業外学習を促進する授業—2 年間にわたる授業実践を通して」『大学教育研究ジャーナル』,第 9 号,1-10.

看護学でもやれる「橋本メソッド」
精神看護学で学生の主体性をどう育むか

戸田由美子

① はじめに

精神看護学概論への「橋本メソッド」導入の経緯

　私が「橋本メソッド」と出会ったのは，京都で 2010 年 3 月に開催された第 15 回 FD フォーラムである。初めてそのフォーラムに参加した私は，そのシンポジウムの中で「橋本メソッド」の存在を知った。シンポジストの橋本勝氏（当時，岡山大学）は「橋本メソッド」を魅力的に講演された。躍動感あふれる実践内容が話され，私は「これだ！」と心の中で叫び，「これはいける！」と直感した。

　看護系では，演習が多く実践的に学ぶことが多い。グループ発表も公平さ確保のため，限られた時間で全グループが発表するため，質問する時間も少なく，その上，学生からはほとんど質問が出ないので，結局，発表した学生と教員とのやり取りになり，授業に活気がないものになりがちだった。何かよい方法はないものか，とどこか物足りなさを感じながら日々講義をしていたが，そのように迷っている時だったので，「橋本メソッド」を導入すれば授業も活気づいて学生主導で授業が進むのではないか，と考えたわけである。

　当時，私は高知県の看護系大学・短大・専門学校の教員で構成する「高知看護教育研究会」の役員として企画を担当していた。すぐに，役員会での学習会の候補として「橋本メソッド」を提案した。役員全てが興味・関心を示してくださり，2010 年 10 月 16 日に 3 時間の学習会を開催することができた。その中で「橋本メソッド」の総論と実践的な演習を体験した。演習を通して，担当科目のどの科目で実践可能かシミュレーションした。そして，さっそく，2011 年

の前期の「精神看護学援助論」（3年次）でプレ「橋本メソッド」を
試行し，後期の「精神看護学概論」（2年次）より本格的に「橋本メ
ソッド」を実践した。

　本章では，「橋本メソッド」の実践で授業がどのように変化したか
を紹介し，その有用性と課題を明らかにしたい[1]。

② 精神看護学における科目概要と「橋本メソッド」

　最初に，筆者の所属する学部における精神看護学領域の科目概要
と紹介科目の到達目標などを記し，その中で「橋本メソッド」の位
置づけを述べる（表3-1参照）。

　現在の筆者の所属学部は1学年90名定数の4年制大学である。
前任大学の高知大学では，1学年60名での実践であったから，対象
学生が1.5倍となり，そのぶん，学生指導のありようも違ってくる。
1年次前期は他学部とともに本部キャンパスにおいて教養科目を履
修し，後期は本部キャンパスと本学部キャンパスにおいて，教養科
目と看護学基礎科目及び看護学専門領域1科目を履修する。2年次
前期より各看護学専門領域の講義が始まる。精神看護学領域におけ
る必須科目（表3-1参照）は，2年次前期に「本科目（30時間，1単
位）」「精神・神経系疾病論（30時間，1単位）」，後期に「精神看護

表3-1 愛知県立大学看護学部精神看護学領域必須科目一覧

学年	前期	後期
2年	「精神看護学概論」「精神・神経疾病論」	「精神看護方法論」
3年	「精神看護学援助論」	「精神看護学実習」
4年	「地域精神看護学実習」	

---

1) 以下の実践事例は，高知大学医学部看護学科（以下，高知大学と略す），愛知県立
　大学看護学部（以下，本学部と略す）における「精神看護学概論」（以下，本科目
　と略す）の授業として実施した。

方法論（30 時間，1 単位）」，3 年次前期に「精神看護学援助論（30
時間，1 単位）」，後期に「精神看護学実習（90 時間，2 単位）」，4 年
次前期に「地域精神看護学実習（45 時間，1 単位）」である。

　その他，4 年次の選択科目として，看護系 8 領域（看護管理学，母
性看護学，小児看護学，成人看護学（慢性期），成人看護学（急性
期），地域・在宅看護学，老年看護学，精神看護学）に分かれ精神
看護学領域では 10 名が履修する「看護生活支援演習（30 時間，1 単
位）」「看護学統合実習（45 時間，1 単位）」，全領域で行う「看護学
統合演習（30 時間，1 単位）」がある。

　筆者が担当する「本科目」は，精神看護学領域の中で最初に履修
する科目である。科目概要は，1) 精神科医療の歴史を世界と日本を
比較しながら学ぶ。2) 発達論，危機理論により，精神疾患患者の
理解の仕方を学ぶ。3) 精神科リハビリテーション看護を学ぶ。4)
対人援助者として，対人関係の看護理論とともにカウンセリング技
法を学ぶ。の四つである。到達目標は，「1) 精神科医療や人権に関
わる歴史から精神障害者の人権擁護について考えることができる」
「2) 精神発達論，危機理論の基礎知識を習得することができる」「3)
精神科リハビリテーションについて考えることができる」「4) カウ
ンセリング技法を習得することができる。の四つを掲げている。こ
れらを 15 コマで修得するが，その中の 6 コマを「橋本メソッド」と
している。

③ 「橋本メソッド」の内容

　2011 年 2 年次後期に高知大学において初めて紹介科目で「橋本メ
ソッド」を実践したが，その時から昨年度本学部の 2 年次前期まで，
「橋本メソッド」は 15 コマ中 6 コマを用いた（表 3-2 参照）。

　グループ編成は，1 グループ 3 名ないし 4 名である。座席指定と
してオリエンテーション時にチーム力アップのため自己紹介とチー
ム名を決める。二つの大きなテーマを細分化し，学生はグループ毎

表 3-2 2016 年度「精神看護学概論」での「橋本メソッド」の概要

	4 月 12 日（火）	オリエンテーション，グループ編成
1）	精神医療の歴史	「発表資料」提出期限 5 月 10 日（火）講義終了時提出（パワーポイント，レジュメなど）
	5 月 24 日（火）	精神病者監護法〜精神保健法まで（発表 2G）
	31 日（火）	精神保健福祉法とその改正まで（発表 2G）
	6 月 7 日（火）	精神保健福祉法以外で 2000 年以降の法律について（発表 2G）
2）	リハビリテーション関連	「発表資料」提出期限 6 月 14 日（火）講義終了時提出（パワーポイント，レジュメなど）
	6 月 28 日（火）	個人精神療法（発表 2G）
	7 月 5 日（火）	集団精神療法（発表 2G）
	12 日（火）	地域資源に関するもの（発表 2G）

それぞれの「テーマ」の発表は 20 分，質疑応答 25 分。20 分で発表できる原稿（資料）を作成してください。

グループワークの「テーマ」

1）	精神医療の歴史（20 点）	（発表原稿提出 14 点，発表 6 点，質問 2 点）
	日本の精神医療の歴史Ⅰ	（精神病者監護法〜精神保健法の前まで）（4G）
	日本の精神医療の歴史Ⅰ	（精神保健法とその改正まで）（4G）
	日本の精神医療の歴史Ⅱ	（精神保健福祉法について）（4G）
	日本の精神医療の歴史Ⅱ	（精神保健福祉法の改正について）（4G）
	日本の精神医療の歴史Ⅲ	精神保健福祉法以外で 2000 年以降の精神医療に関する法律（6G）

Ⅰ，Ⅱの発表はそれぞれ 1G，Ⅲは 2G

2）	リハビリテーション（20 点）	（発表原稿提出 14 点，発表 6 点，質問 2 点）
	精神医療における精神療法（個人）（7G）	
	精神医療における精神療法・リハビリテーション（集団）（7G）	
	精神医療における国内の地域資源について（4G），愛知県における地域資源（4G）	
	精神療法（個人）（集団）それぞれ 2G，地域資源（国内）（愛知内）それぞれ 1G	

全てのグループの資料を吟味し発表グループを決定しますので，提出時は，発表する全資料を提出して下さい。

に，大きなテーマの中の細分化されたテーマを1つずつ選択し事前学習を行う。学生の自主性ややる気を引き出すため，テーマも自分たちで決定する。テーマが重なった場合は，グループ間での話しあいの中で決定する。そして，大きなテーマ毎に提出期限を決め，発表グループは筆者が吟味して選定し，グループリーダーに連絡し資料を作成する。高知大学では，学生が資料作成を行っていたが，本学部では事前提出された資料を筆者が印刷し配布する（高知大学では，学生が発表する資料作成は学生自身が行うのが通常で学生のための印刷室が準備されていた）。1コマで2グループが発表する。2011年の初年度，学ぶ内容が多いため，1コマ3グループで1グループ10分の発表20分の質疑応答のスケジュールで実施したが，あっという間に時間が過ぎ内容も深まらなかったため，翌年からは現在の1コマ2グループで実施している。1グループの持ち時間は，45分である。橋本氏の実践では，1グループ10分以内の発表で残りは質疑応答で約50分の基本スタイルであるが，10分の発表では内容が収まらず，1グループ20分で25分の質疑応答に落ち着いた。

　次に，当日の発表に関する評価点等について記すことにする。1テーマ毎に期限内での資料提出は14点，発表グループは，それにプラス6点，質問1つに付き2点（これはグループの一人が質問をするとグループ全体が2点獲得する）とする。1テーマ20点満点で計算する。2テーマのため，グループ学習で40点獲得することになる。

　最後に，「橋本メソッド」の実践に加えている「本科目」の内容を述べる。「橋本メソッド」で実践されているシャトルカード（本科目では「学生‐教員往復カード」（図3-1参照）とネーミングする）で学生と教員との間の1対1の関係を築く。また，ポートフォリオ的な内容を追加し，講義初日のオリエンテーション後に「この授業で何を学びたいですか」について記述してもらい，授業に積極的に参加する動機づけを行っている。そして，最終日には，「この授業終了にあたり何を学びましたか」を記述してもらい，学生個々での学びを意識化し整理することで次へつなげる役割をする。そして，「学

よりよい授業へのアプローチ。あなたも，私も，参加者です。		
～学生‐教員往復カード～		
精神看護学概論		２年生前期

チーム名	学籍番号	氏名
この授業で何を学びたいですか		
月／日	言いたいこと。聞きたいこと。 なんでもありのあなたからの伝言板	あなたへの伝言板
／		

シール
↓

○
○

～15回

この授業の終了にあたり何を学びましたか

図 3-1　学生─教員往復カードの形式

生‐教員往復カード」は，この科目での学生の成果として最終日に
学生へ返却する。

　さらに，看護系では，卒業時に看護師（全員）・保健師（選択学
生のみ）の国家試験を受験し国家資格を取得し看護師・保健師とし
て従事するため，国家試験に対する意識づけの意味もあり，講義の
前週に次回のパワーポイントと予習プリント（その単元に関する国
家試験問題）を配布し，パワーポイントは大事な部分の穴埋めをし，
予習プリントは解答し予習をして臨んでもらう。パワーポイントを
読み穴埋めし予習プリントの解答をして来た人はシール（小さいシ
ール）を一つ貼る。そして，授業の最後に予習プリントの答え合わ
せと解説を行い答えが半分以上正解していた人は，シールを一つ貼
る。予習をしたことや正解したことがシールを貼ることで視覚化で
き，自分の成果が形として表れ，より自覚して学習できる。シール

の数により総合点を上乗せする。

　また，発表時には，発表したグループは大きなシールを貼り，質問をしたグループは小さなシールをグループ全員が貼る。そのことでグループの凝集力を高めやる気を引き出す。

④ 「橋本メソッド」の手応えと課題

　「橋本メソッド」を導入して一番変わったのは，講義が活気づいたことである。つまり，「橋本メソッド」による競争原理を働かせることで，「自分たちが発表したい」と思うことで，質の高い資料作成につながった。また，自分たちで苦労して調べてまとめる作業は，新たな興味・関心につながり積極的に調べるようになった。そして，発表できなかったグループは，質問することでポイントを稼ごうと必死に質問内容を考えるため発表を一生懸命に聴くようになった。筆者の狙いである，「精神看護学のおもしろさを伝える」「精神看護学で大事な倫理観・人間観を養う」「自分で具体的に考え判断能力を身につける」の三つの基礎力を培う基盤が養われたと考えている。

　学生からの反応例を（表3-3）に示す。おおむね好評であるが，2年次の前期科目であったため，1年次にグループワークでの講義に

表3-3 学生の「橋本メソッド」に対する声の例

●好意的な声
・自分で調べて発表することで，理解も深まり積極的に授業にとりくめた
・プレゼンに対して質問するシステムがよいと思う
・発表する時にどうすれば相手に伝わりやすいか考える力が身についた

●批判的な声
・学生の調べた内容で授業とみなすことに不安がある
・授業内でグループワークの時間が確保できるほうがよいのではないか
・一生懸命調べたのに発表できないのは不公平だ

※愛知県立大学平成28年度授業アンケートの自由記述部分の学生意見を参考にしながら，個人が特定されないよう配慮しつつまとめたもの

不慣れであったこともあり，グループワークでの自己学習や選抜チームの発表に対し疑問をもつ学生もいたようである。また，グループワークそのものに懐疑的な意見もあった。一般に，看護系は生真面目な学生が多く，ゲーム感覚での学びに参加することに乗れない学生もいて，難しさを感じるところである。

⑤　おわりに ··

「橋本メソッド」のさらなる発展に向けて

　看護系で「橋本メソッド」を実践する場合，課題からさらなる発展について考える。看護系でたいへんなのは，講義科目が多く，それも必須科目が多いことである。それにプラス1単位の時間数が他学部と違うところである。本来1単位は15時間であるが，本学部においては，教養教育科目は15時間で1単位であるが，専門教育科目は30時間で1単位と規程されている。つまり，倍の時間数が授業にあてられている計算になる。2年次の前期時間割を見ると，月曜日から金曜日まで1限〜5限まですべて埋まっている（木曜日の5限のみが空き時間であるが，これも7月になると埋まる）。想像を絶する過密スケジュールである。そのような状況の中で，グループ学習を時間外でするのは並大抵のことではない。

　そこで，本年度は，1コマ授業内でグループワークができる時間を設け，時間内で質問ができるようにした。さらに，時間割が過密であるため二つのテーマをグループ学習することは，学生にとって負担が大きいため，一つのテーマに絞ってグループ学習できるようにした。

　筆者は，看護とは，自分で考えて物事を瞬時に判断し行動する実践の学だと考えている。そのためには，普段から自分で考え行動する力を身につけなければならない。さらに，看護は個人ではなくチームで実践する。グループワークを通じてコミュニケーション能力が自然に身につくようになることも大事である。講義も一方通行で

知識を教授されるだけでなく，自分で調べて考えデータを取捨選択する力を鍛えることで，自分で考え判断する力も自然と身につくものと考えられる。「橋本メソッド」は競争原理，ゲーム感覚，自由度の大きさの確保という特徴がある。競争原理やゲーム感覚を取り入れることでグループワークを楽しく学生が率先して自主的に実施できるようにされた装置は今後も大事にしたいと考える。このような遊び心をもつことは，柔軟さが求められる看護学生においても必要ではないかと思う。しかし，看護系の場合，学ぶ内容の中身が明確であるため，自由度という点では，きびしい部分もある。テーマの内容に関しては押さえる部分を押さえてもらう必要があるが，他のところで学生が選択できる工夫をしている。「学生‒教員往復カード」を 10 色の色紙で印刷し，学生に好きな色のカードを選んでもらったり，シールも何種類かを用意しその時の気分でシールを貼ってもらったりしている。自分で学ぶことは楽しいし，より興味をもって調べたいと思えるような魅力ある講義を「橋本メソッド」を通して今後も作っていきたいと考えている。

【引用・参考文献】

橋本　勝（2010）．「学生の潜在的主体性をいかに引き出すか―今どきの学生の目を輝かせるコツ」高知看護教育研究会学習会　講演レジュメ，2010 年 10 月 16 日

Chapter 4

「学び」を発見し・はぐくみ・かたちにする大学教育の未来

林　透

① はじめに ……………………………………………………………………

ライト・アクティブラーニングのもう一つの構成要素

　本書の編者の橋本勝氏は，ライト・アクティブラーニングとしての「橋本メソッド」の実践者としての顔の他に，岡山大学を起点に「学生参画型FD」という新基軸を推進してきた人物としても知られている。現在は，富山大学に籍を置いているが，岡山大学時代は「岡山から日本の大学教育を変える」と豪語していた。今は，「岡山から」が「富山から」に変わっただけである。各地で「学生FDのドン（＝首領）」と自称したりもしているが，その表現も「遊び心」を感じさせ，ライト・アクティブラーニングを連想させる面がある。

　ライト・アクティブラーニングが真の「主体的学び」の自然な実現を目指すものだとすれば，単なる授業方法の話だけに限定せず，学生たちが置かれている教育・学修環境全体を問題にすべきだという考えは，理にかなっており，強い共感を覚える。

　聞けば，「橋本メソッド」の開始は2000年，学生参画型FDの本格始動は2001年とか……。この時期的一致は決して偶然ではなかろう。

　本章では，学生参画型FD活動全体を分析・評価することの代わりに，筆者がたどってきた経験を概括しながら，大学教育が全体として向かうべき未来を考えるにあたって，学生参画型FDという理念がいかに重要かつ効果的かを論じてみたい。

　目指すものが同じであれば，辿る経緯は違っても，結局行き着くところは同じようになることが読者にもおわかりいただけるかと思う。

② 大学共創プロジェクトという礎

■ 2-1　最初のキッカケ

　本章で綴る自らの経験，着想，企画，さらには，未来への展望の原点となっているのが，2009 年度から北陸地区で取り組み始めた「大学共創プロジェクト」という実験工房での出会いや気づき，さらには成果物の数々である。

　筆者は，1998 年，国立大学法人化前の金沢大学に事務系職員として採用となり，10 数年勤務した経験を有する。当時は，国家公務員Ⅱ種・行政職の資格試験に合格し，文部科学事務官として採用された。2004 年の国立大学法人化の年に，人事交流の形で，同じ石川県に立地する北陸先端科学技術大学院大学に新任係長として赴任した。高等教育業界では，法人化前後から，教職協働の重要性について指摘されるようになり，2008 年頃となると，FD（Faculty Development）活動の義務化に加え，2008 年 12 月に公表された中央教育審議会『学士課程教育の構築に向けて（答申）』においてFD活動への職員の積極的な参画及びSD（Staff Development）活動の必要性が言及されるに至り，全国各地で，教職協働に関する議論が大きく取り上げられた。

　北陸地区では，大学コンソーシアム石川において初めて開催された「第1回大学コンソーシアム石川FD 研修会」で，筆者が企画した第2分科会「教職協働—SD の必要性」で，40 名以上の大学教職員の参加を得，活発な議論が行われ，教員と職員による協働体制のあり方に大きな関心と課題が存在することを顕在化されたことが最初の試みであった。この試みを契機に，金沢大学青野透教授（現・徳島文理大学教授），北陸先端科学技術大学院大学浅野哲夫教授（現・同大学長）の協力を得て，「金沢大学と北陸先端科学技術大学院大学の教職員による協働プロジェクト」（2009 ～ 2010 年度）を2年間取り組み，両大学構成員による教育研究グループにおいて実践的研究に着手し，自大学及び両大学間でのFD・SD 活動の開発・実践を行

った。

　その後，教職協働から，学生参加を取り入れた教職学協働をコンセプトに，北陸地区国立大学学術研究連携支援事業に採択され，北陸地区国立4大学による「大学組織力向上を目的としたプログラム開発」(2011 ～ 2012 年度)，「大学間連携による人材育成プログラムの共創」(2013 ～ 2014 年度) として4年間にわたり取り組んだプロジェクトが「大学共創プロジェクト」である。「大学共創プロジェクト」とは，正確には，金沢大学大学教育開発・支援センター，富山大学大学教育支援センター，福井大学高等教育推進センター，北陸先端科学技術大学院大学大学院教育イニシアティブセンターの協働により，北陸地区国立大学学術研究連携支援事業の一環として行ってきた取組を指し，大学の組織内協働や組織間協働に「共創」という概念を持ち込んだ最初の取組であるといって過言ではない。

　「大学共創プロジェクト」は，①企画発想の自由度，②組織内外の交流，③多様性，④活動予算の4点を兼ね備え，創発的な場として機能した。この場で検討され，育まれ，表現されたものが個人的に，組織的に，地域的に大きな価値を創出し続けている。このプロジェクトを構成できた要因として，2010 年から 2011 年にかけて，北陸先端科学技術大学院大学，富山大学や福井大学において FD 系センターが相次いで設置され，北陸地区国立4大学での連携を可能としたことであり，かつ，筆者自らが，2010 年4月に，北陸先端科学技術大学院大学の FD 系センター教員へとキャリア・チェンジしたことが，このプロジェクト自体の方向性を学生との協働のシフトしていくこととなった。

■ 2-2　教職協働から教職学協働へのキッカケ

　「大学共創プロジェクト」に学生を参画させ，それまでの教職協働から教職学協働へと展開していく着想を後押ししたのは，2011 年4月に富山大学に着任した橋本勝教授の存在が大きい。橋本教授からは，前任校である岡山大学で確立した学生参画型 FD モデル[1]，富山

大学で取り組み始めていたUDトークの取組，さらには通称『廣中レポート』（文部省（2000）『大学における学生生活の充実方策について（報告）―学生の立場に立った大学づくりを目指して』，以下『廣中レポート』）の概念などを直に聴く機会に接した。そのほかにも，いろいろな出会いがあった。北陸先端科学技術大学院大学　梅本勝博教授（現・名誉教授）とのご縁から知識科学研究科（現・先端科学技術研究科 知識科学系）でナレッジマネジメントに関する研究に触れるとともに，学生参画型大学経営を研究テーマとした大学院生との出会いがあった。この大学院生の存在が「大学共創プロジェクト」を教職協働から教職学協働に展開する大きなエンジンとなった。さらには，大学コンソーシアム石川SDフォーラム2011に参加した追手門学院大学・学部学生との出会いは，大学共創フォーラム2012での講師招へいというカタチに展開し，その後の大学共創フォーラムの継続実施を後押ししてくれた。

　橋本教授からの紹介を受けて最初に参加した，立命館大学主催「学生FDサミット[2]2012夏」での京都産業大学・学生FDスタッフ「燦（SAN）」による「手紙」と題したパフォーマンスは衝撃的であり，学生と教職員の密接な関係づくりと何かを作り出すパワーの凄さに驚かされ，その後の教職学協働の取組の一つのモデルとなった。

---

1)　岡山大学で確立した「学生参画型FDモデル」とは，「「学生の主体的参画」による授業改善システムの構築である。各学部から推薦された学生委員と教員委員に職員が加わる「学生・教職員改善委員会」において，相互対話を中心とした恒常的活動を積み重ねる中で，学生の立場・視点からみて，より望ましい授業が提案され，学生の主体性を伸ばす教育が展開」（絹川・小笠原，2011：330）されることを目指している。なお，山口大学での取組については，岡山大学モデルを参照し，「山口大学版・学生参画型FD」と称する。

2)　「学生FDサミット」とは，学生との協働による授業改善・教育改善を目的とした学生FD活動を行う国公私立大学の学生団体及び関係する教職員が一同に会する全国規模イベントである。2009年に，立命館大学の木野茂教授（当時）が中心に立ち上げたイベントであり，原則として年2回（夏・春），関西地区や関東地区の大学を会場に開催されてきたが，近年では地方大学で開催されるケースも出てきた。これまで，計15回の開催を数える。

ちなみに，京都産業大学・学生FDスタッフ「燦（SAN）」には，大学共創フォーラム2014に講師招へいし，大学共創の未来につながる重要なメッセージをもたらしてくれることとなった。

　この時期，我々が立ち上げた「大学共創プロジェクト」と同時期に，京都産業大学「燦presents「京産共創」プロジェクト」のほか，大学マネジメント研究会（会長：本間政雄学校法人梅光学院理事長（元京都大学理事・副学長））「共創工房」などの取組が現れ，大学を取り巻く環境が多様化，複雑化する中で，職域を超えて対話・創造する柔軟性と積極性を求める動きが加速した。

表 4-1　大学共創フォーラム・セミナーの4年間の軌跡

開催時期	イベントタイトルとテーマ	参加者数
2011 年 12 月 3 日（土）	大学共創プロジェクト合同セミナー 「大学の未来を共に創り上げるために！」	教職員 41 名
2012 年 12 月 22 日（土）	大学共創フォーラム 2012 「みんなで大学教育について語ろう！」	学生 24 名，教員 14 名， 職員 19 名，その他 4 名， 計 61 名
2013 年 12 月 21 日（土）	大学共創フォーラム 2013 「みんなで大学教育について語ろう！ Part2　－授業デザインの共創－」	学生 17 名，教員 16 名， 職員 19 名，その他 2 名， 計 54 名
2014 年 12 月 13 日（土）	大学共創フォーラム 2014 「みんなで大学共創について語ろう！」	学生 25 名，教員 13 名， 職員 11 名，その他 3 名， 計 52 名

図 4-1　大学共創フォーラム・セミナーのチラシ（2011 ～ 2014 年度）

③ 山口大学版・学生参画型 FD の経緯と成果 ………………

■ 3-1 山口大学・共育ワークショップの経緯と狙い

　2013 年 4 月，筆者は縁あって，山口大学に赴任することとなった。山口大学といえば，『廣中レポート』で親しみのあった廣中平祐先生が以前に学長を務めた大学であり，「発見し・はぐくみ・かたちにする　知の広場」「共同・共育・共有の精神（山大スピリット）」など，学生中心の大学づくりに積極的に取り組んでいるイメージを強く抱いていた。ところが，赴任当時のキャンパスから感じられる雰囲気は，そのイメージとは少しかけ離れている印象を受けた。例えば，2014 年度の新入生を対象に行ったアンケートで，教員と話をする機会に「まったく期待していない」又は「あまり期待していない」と回答した学生の割合が 5 割を超えている状況に驚いた。

　筆者が所属する大学教育機構・大学教育センターの周辺では，学生協働による教育改善の取組を進める必要性を感じていたようで，筆者は赴任早々，その役割を担うよう，上司から指示を受けた。北陸地区での大学共創プロジェクトの経験を見込んだ上でのミッションであった。山口大学には，学生協働を機能させる要素は十二分に備わっており，その原点が廣中平祐・元学長が植え付けた「廣中イ

図 4-2　共育ワークショップ 2013 のチラシ

ズム」であり，かつ，『廣中レポート』を参照した全国的な学生参画型FD の潮流を踏まえながら，共育（共にはぐくむ）の精神をモチーフにした教職学協働イベント「共育ワークショップ」を企画するに至った。また，当時の教育学生担当理事が共育という言葉の起草者であったことも幸いした。「共育ワークショップ」のコンセプトは以下のとおりである。

> 山口大学の教育（共育）について，教員，職員，学生が一緒になり，様々な観点から語り合い，考えてみよう。大学というコミュニティでは，本来，教員，職員，学生が等しく市民権を有していると考えるべきではないでしょうか。教員が学生を教えるという場面もあれば，教員が学生から教えられる場面があるというのが大学というコミュニティの醍醐味でしょう。大学教育とは，教員，職員，学生が共に創り上げるもの（共創）であり，かつ，共に育み合うもの（共育）です。

　なお，「共育ワークショップ」のコンセプトをまとめるに当たり，大事にしたことは，大学組織のDNA といえる基本理念に立脚した考え方である。大学組織は，教員・職員・学生を構成員とし，各構成員の行動様式が異なり，異なる属性間でのコミュニケーションも多様であり，つかみどころのない複雑体である。そのような大学組織の特性を踏まえたとき，対象とする大学組織のDNA といえる基本理念に立脚した文脈を紡ぎ出さない限り，組織文化を醸成するこ

図 4-3　大学における組織開発（OD）の枠組

とは不可能である。これまでの実践知に基づき，大学における組織開発（OD : Organizational Development）の枠組として整理したのが図 4-3 である。

■ 3-2　共育ワークショップから学生 FD サミット誘致まで

　共育ワークショップの企画実施を通して，山口大学の教育改善（FD）の中に，学生参画の要素を盛り込むことに成功したといってよい。筆者が山口大学において共育ワークショップを企画実施した 2013 年頃から，学生と教職員が協働して教育改善に取り組む組織的取組が機関別認証評価において優れた取組として高く評価されるようになった。この傾向を把握していたことが幸いし，2015 年度に山口大学が受審した機関別認証評価において，共育ワークショップの取組が「教育（共育）について様々な観点から語り合う教職員・学生参画型「共育ワークショップ」をOD（Organizational Development）と位置付けて実施している」として，主な優れた点に取り上げられ，高い評価を受けることとなった。

　また，文部科学省が毎年度調査公表している「教育内容等の改革状況調査」において，図 4-4 に示すとおり，2013 年度から学生参画型FD に関する項目が追加された。『廣中レポート』が提示した学生

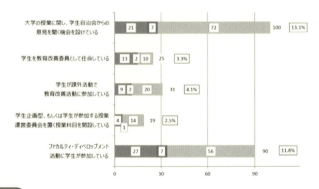

図 4-4　教育改善・授業改善における学生参画の状況（文部科学省，2013）

の希望・意見（学生の声 Voice）の反映方法として，「①大学として学生からのアンケート調査を行ったり，学生の実態調査を行うことにより，その希望や意見を聴取する方法」から「②学生の代表と大学の運営責任者等との懇談会等を実施し，その希望や意見を聴取する方法」「③学生の代表を大学の諸機関に参加させる方法」に移行しつつある，日本の高等教育の現状を指し示した象徴的出来事といえよう。

2013 年度から開始した共育ワークショップは，表 4-2 のとおり 4回の開催を数えている。既述の大学共創プロジェクトの経験知を存分に活かしながら企画実施を続けてきたが，山口大学の取組として特筆されるのは，共育ワークショップを起点に，学生参画型 FD が芽吹き，学生組織が形成されるに至った点にあろう。ここでは，山口大学版・学生参画型 FD が大きく展開する契機となった「共育ワークショップ 2014」について紹介しておきたい。

2014 年 9 月 22 日（月），山口大学創基 200 周年記念・共育ワークショップ 2014「みんなで山大の教育（共育）について語ろう！」が，総合図書館アカデミック・フォレストにて開催された。前半では，一般社団法人 KSIA（関西学生発イノベーション創出協議会）山下

表 4-2 山口大学・共育ワークショップの 4 年間の軌跡

開催時期	イベントタイトルとテーマ	参加者内訳
2013 年 9 月 24 日（火）	共育ワークショップ 2013 「今，求められる人材像」	学生 40 名，教員 19 名， 職員 16 名，その他 4 名， 計 79 名
2014 年 9 月 22 日（月）	共育ワークショップ 2014 「発見し・はぐくみ・かたちにする」 「山口大学の未来（未来新聞）」	学生 25 名，教員 12 名， 職員 25 名，その他 4 名， 計 66 名
2015 年 9 月 28 日（月）	共育ワークショップ 2015 「あったらいいな，こんな授業（シラバス作成）」	学生 36 名，教員 16 名， 職員 12 名，その他 2 名， 計 66 名
2016 年 9 月 26 日（月）	共育ワークショップ 2016 「学びの経験を話そう！」 「学生 FD サミット 2017 春をプロデュースしてみよう！」	学生 26 名，教員 13 名， 職員 17 名， 計 56 名

図 4-5　共育ワークショップ 2014「みんなで山大の教育（共育）について語ろう！」

貴弘常務理事（現・山口大学COC＋事業推進本部コーディネーター）より，「みんなで創り上げる大学」と題した基調講演があり，その後，グループワーク①「YU World Café（ワールドカフェ）」では，教員・職員・学生混合編成の 10 グループ（A ～J）に分かれ，「発見し・はぐくみ・かたちにする」をテーマにした対話を行い，自由なアイデアや具体的な提案を模造紙一杯に書き込んだ。さらに，グループワーク②「未来新聞づくり」では，ワールドカフェで出されたアイデアを活かしながら，未来の山口大学で期待されるアクションを「未来新聞」の形にまとめた。ここで発表されたアイデアから具体的な実施に結びつくものが生まれている。例えば，グループG が提案した「ぶち教えちゃる！」制度の導入は，「教職員，学生に関わらず，意欲のある人なら誰でも講義を行うことができる」という内容であったが，翌 2015 年度から，「ぶち教えちゃる！ 大学職員の仕事」というタイトルで，大学職員志望の学生向けに山口大学卒の大学職員が話題提供する正課外共育プログラムとして実現した。また，グループC が取り上げた「山口県サミット第 1 回が山口大学にて開催」というアイデアは学生FD サミットを山口大学に誘致する着想の発火点となった。

④ 山口大学・大学教育再生加速プログラム(YU-AP)という風

共育ワークショップを起点とした山口大学版・学生参画型FD が

大きく展開することとなった要因として，山口大学が2014年度に
採択された文部科学省・大学教育再生加速プログラム（AP事業）
の存在が大きい。

　山口大学では，2013年度の共通教育改革を契機に，2014年度には
文部科学省・大学教育再生加速プログラム（テーマⅠ・Ⅱ複合型）
の採択を受け，アクティブラーニングの組織的推進や学修成果の可
視化に取り組み始めた。また，2015年度には，国立大学機能強化経
費等の採択を受け，国際総合科学部創設で導入された新しいカリキ
ュラムシステムYU CoB CuS（Yamaguchi University Competency-
Based Curricular System）の全学的展開を目指している。これら
の総合的な大学教育改革の取組を通して，学士課程教育の質保証を
図っている。それまで，グラデュエーション・ポリシー（現：ディ
プロマ・ポリシー）やカリキュラム・マップを全国に先駆けて策定
したほか，授業科目シラバスの観点別到達目標の明記，学生授業評
価・教員自己評価の連携（教育情報システム（IYOCAN）），成績分
布システムの全教員公開制による授業改善フローを構築している点
において優れた内部質保証システムを維持していたが，2012年度の
中央教育審議会『新たな未来を築くための大学教育の質的転換に向
けて―生涯学び続け，主体的に考える力を育成する大学へ（答申）』
が提示した，学生の主体的な学びを促進するためのアクティブラー
ニングや学修成果アセスメントの組織的取組において，これらの従
来型の内部質保証システムを一層充実するため，「教育改善重視シ
ステム」「教員主体型FD」から「学修成果可視化システム」「教員・
職員・学生参画型FD・SD」へと転換を図る必要性に直面していた。
大学教育におけるアクティブラーニングのインパクトは，Teaching
からLearningへのパラダイムシフトを通した学習者中心主義の尊
重にあった。学習者中心主義の尊重は，スチューデント・エンゲー
ジメントを重要なキーワードとして，学生協働を活かした教育・学
修改善（学生参画型FD，ピアサポートなど）が，各大学において同
時並行的に導入・進展している現状があった。特に，AP採択機関

における多くの事業取組では，学生協働の組織的整備を図る傾向が共通的にみられることとなった。

　以上のように，文部科学省・大学教育再生加速プログラム採択という風が，山口大学版・学生参画型FDの展開，さらには，学生FDサミット誘致の動きを大きく後押ししてくれることとなった。

⑤ 学生組織（YC.CAM）の成長と学生FDサミット ………

　山口大学版・学生参画型FDの主体となったのが，学生組織（YC.CAM）の存在である。YC.CAMは，大学教育センターの支援を受け，『廣中レポート』の生みの親である廣中平祐元学長が刻んだ「発見し・はぐくみ・かたちにする　知の広場」をキャッチフレーズに，学生が中心となって，よりよい大学をつくっていくことを目指して結成された学生組織である。大学というコミュニティでは，教員，職員，学生が共に学び合うことが重要であり，YC.CAMの活動は，学生の声を大学教育に活かす仕掛けづくりの一環として位置づけられた。2013年度に共育ワークショップを始めた当初は，メンバー3名という少人数活動であったが，YC.CAMという団体名を掲げた2015年度には10名を超える組織に成長した。団体名の「YC.CAM」には「CAMPUS」の「CAM」と，「できる」の意味の「CAN」を掛け合わせた意味が込められており，「山大の「デキル」を創ります！」という言葉を理念として掲げ，学生の手で大学を更に発展させるべく活動することを目指した。

　学生組織は，学内でのイベント企画やFD・SDイベントへの参加のほか，学外での他流試合に当る学生FDサミットやi*See（岡山大学主催）といったイベントでのプレゼンテーションなどで，その力を発揮し，山口大学の知名度を全国的に高めることとなった。その象徴的イベントが，2015年9月に追手門学院大学で開催された「学生FDサミット2015夏」での優秀アクションプラン表彰，さらには，2016年3月に日本大学で開催された「学生FDサミット2016春」で

の分科会企画であった。学生組織（YC.CAM）の数年間をかけた成長と頑張りがあったからこそ，全国イベントである学生FDサミットの山口大学誘致を実現でき，2017年3月に開催した「学生FDサミット2017春」を成功に結び付けることができた。

　山口大学主催「学生FDサミット2017春」は，「Borderless Campus―学びのフィールドはどこにある？」をテーマに，学びの多様性に焦点を当て，「発見し・はぐくみ・かたちにする」という活動を通して，その大学オリジナルな学生FD[3]を考えることを目指した。2017年3月2日（木）・3日（金），山口大学 共通教育棟（吉田キャンパス）にて，参加者258名（学内39名（学生27名，教職員12名），学外219（学生177名，教職員42名））を集めて行われた。1日目は，学生FD第一世代トーク「とどけ，熱き心！」と題し，学生FD第一世代として活躍し，当時，大学の教職員であった4名，すなわち平野優貴氏（法政大学キャリアセンター職員），山下貴弘氏（山口大学COC＋事業推進本部コーディネーター），曽根健吾氏（横浜国立大学高大接続・全学教育推進センター特任教員：当時），高

図4-6「学生FDサミット2017春」

3）「学生FD」とは，木野茂（2012）に拠れば，「学生とともに進めるFD」という意味であり，「その第一の前提は学生が大学教育や授業の主体者であることを忘れないことであり，第二の前提は学生FD活動を大学教育の改革を目指す大学自体のFD活動の一環として位置付けること」である。

図 4-7 参加者全員で綱引き

橋和氏（名城大学学務センター職員：当時）から，学生時代の学生
FD 活動を振り返りつつ，大学の教職員としての立場から現役学生
への熱い思いが述べられた。午後は分科会セッション「山大 春の
陣」と題し，下関市立大学の学生FD 団体および岡山理科大学とり.OUS の学生の協力を得て，山口大学を含めた 3 大学の分科会が
行われた。1 日目の最後には，体育館に移動して，「教室内の学び
派」「教室外の学び派」に分かれて，参加者全員で綱引きを行い，歓
喜に包まれた。

　2 日目はグループワークセッション「学生FD サミットのビジョ
ンをデザインしよう！」と題して，前日の参加者それぞれの「学び」
への考察をもとに，グループワークを行いながら，どんな学生FD
サミットに参加したいのか，作り上げていくのか，そのビジョンを
デザインするというワークが行われた。また午後は，プレゼンタイ
ム「未来のとびらをノックしよう！」と題し，グループワークで考
えたビジョンを発表するというワークが行われた。

⑥ 大学教育の未来

　「学生FD サミット 2017 春」の準備に明け暮れた約 1 年間，サ
ミットに携わる学生・教職員の間で多くの議論を繰り返した。そ
の中で生まれたコンセプトこそが，今回のサミットのテーマ

「Borderless Campus—学びのフィールドはどこにある？」であった。このコンセプトには，「①学習者の多様な学びに学ぶ」「②キャンパスのボーダーレス化」という，大学教育の未来に向けた，2つのキーワードを盛り込んでいる。

　2010年前後からの学生FDという概念に関する議論，さらには，学生FDを取り巻く活動組織の多様性がみられる中で，全国各地の教職員や学生のいろいろな思いが入り乱れる状況があったが，AP事業を起爆剤にしたアクティブラーニングの加速度的導入に伴い，教室内の学習行動を学生主体という考えで捉えるようになってきたことで，授業改善に学生の声を活かすといった学生FD当初の目標は一定程度達成されたのではないかと考えたい。このような時代的観測に立ったとき，大学教育の未来に期待されるのは，学習者の学びに焦点をあてた取組ではなかろうか。すなわち，ファカルティ・ディベロップメントを超え，ラーニング・ディベロップメントを重視し，自らの学びを振り返り，さらには他者の学びに学ぶ取組が有効であり，YC.CAMとともに発案したラーニング・カタログ（Learning Catalog）（図4-8）が一つの足掛かりになろう。

図 4-8　ラーニング・カタログ（Learning Catalog）

　もう一つのキーワードである「②キャンパスのボーダーレス化」については，あるキッカケが作用している。大学共創プロジェクト最終年度（2014年度）に，「大学共創の未来」をテーマに開催した大学共創フォーラム2014において，京都産業大学スタッフが寄せてくれたビデオメッセージの中で，同大学の中沢正江氏が，大学共創の未来のイメージとして，「（前略）面白い人たちがどんどん集まってきてもっと面白くなるような，わくわくするような雰囲気が濃くなって，あふれ出して，大学の外の人たちにまで面白みがあふれていって，それらが影響し合えば，世界中全てが大学のような感じ」（林・河島，2014：29）と発言している。司会を担当していた当時の筆者の記憶として，この言葉を聴いた瞬間，何とも言えない衝撃を受けたことを覚えている。そして，しばらく時を経て，この言葉のイメージを強く意識するようになったのは，学生FDサミットのテーマを決める議論の場面であった。

　かって，大学共創プロジェクトに取り組んでいる際に，図4-9のような概念図を考案していた。この概念図は，大学コミュニティを超えて，地域コミュニティやグローバルコミュニティへ拡張する未来予想図を指し示していた。今改めて，これまでの自らの取組を省

コミュニティとしての大学のポテンシャル

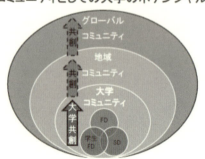

図4-9 大学共創からの派生に関する概念図

察し，大学教育の未来について真剣にみつめてみたいという思いに達した。現時点での結論として，次のような言葉を綴って本章を終えたい。

象牙の塔としての大学の権威を維持し続けることは大切であるが，学習者の学びを第一に考えたとき，学習者の目が輝き，充実感に満たされるのは，学習した知識・技能が社会との接点で活かされたとき，評価されたときなのでないだろうか。大学教育の未来には，地域コミュニティとの接点やグローバルコミュニティとの接点を意識した学びが必要であるとともに，大学コミュニティを含めて相互が行き交う場（ボーダーレス・キャンパス）での学びが求められる。

【引用・参考文献】

中央教育審議会（2008）.『学士課程教育の構築に向けて（答申）』

中央教育審議会（2012）.『新たな未来を築くための大学教育の質的転換に向けて―生涯学び続け，主体的に考える力を育成する大学へ（答申）』

林　透（2014）.「大学における組織開発（OD）に関する実践的研究：教職協働から教職学協働へ」山口大学『大学教育』第11号pp.1-13

林　透［編］（2013）.『大学共創プロジェクト2012報告書』金沢大学大学教育開発・支援センター

林　透・河島広幸［編］（2014）.『大学共創プロジェクト2013報告書』金沢大学大学教育開発・支援センター

林　透・河島広幸［編］（2015）.『大学共創プロジェクト2014報告書』金沢大学大学教育開発・支援センター

金沢大学大学教育開発・支援センター，富山大学大学教育支援センター，福井大学高等教育推進センター，北陸先端科学技術大学院大学大学院教育イニシアティブセンター［編］（2012）.『大学共創プロジェクト2011』金沢大学大学教育開発・支援センター

絹川正吉・小笠原正明［編］（2011）.『特色GPのすべて―大学教育改革の起動』JUAA選書第14巻，大学基準協会

木野　茂［編］（2012）.『大学を変える，学生が変える―学生FDガイドブック』ナカニシヤ出版

文部科学省（2013）．『大学における教育内容等の改革状況調査（平成 25 年度）』

文部省（2000）．『大学における学生生活の充実方策について（報告）―学生の立場に立った大学づくりを目指して』

山口大学YU-AP 推進室（2017）．『Teaching & Learning Catalog』山口大学・大学教育再生加速プログラム

Chapter 5

高校生に大学での学びの楽しさは伝わるか
高大接続の実践を通じてわかったこと

倉部史記

① はじめに ....

　高校生に大学での学びの楽しさは伝わるか。結論を先にいってしまうと，この問いに対する筆者の答は明確にYesである。大学の教育や研究に触れることで高校生の進路意識はさまざまな影響を受けていく。ただし，現在，その恩恵を受けられているのはごく一部の限られた高校生のみである。高校生が大学の学びを読み解くためにはいくつかの適切な工夫が必要だが，それは教育学の専門家でなければできない，というものばかりでもない。

　本書のテーマでもある「ライト・アクティブラーニング」の考え方には，そのヒントとなる要素が大いに含まれていると筆者は考えている。本章では自分の経験や，現在多くの大学が対策に苦慮している進学ミスマッチの問題を踏まえつつ，高校生の進路学習を題材にしてライト・アクティブラーニングの可能性を論じてみたい。

② 「高大接続」現場での気づき ....

　筆者には，東京都内の私立大学で専任職員として勤務した経歴がある。かつての自分の勤務先を始め，多くの私立大学において現在の経営上の最重要課題は学生確保だろう。多くの大学が高校生の興味・関心に合わせ，毎年のように新しい学部・学科を設置している。高校生向けに行うオープンキャンパスの実施回数は年々増えているし，高校などへ教員を派遣する出張模擬授業などの取り組みも盛んである。

　志願者数が増えれば受験の難易度も上がり，それがいわゆる「入試偏差値」アップにつながり，大学のブランド価値を上昇させ，優秀な学生の獲得になる……そう考える大学関係者は多い。確かにお祭りのようなオープンキャンパスで熱心に高校生を「おもてなし」したり，一回の試験で複数の学部を同時出願できるようにしたり，派手なイメージ広告を電車内に出したりすることで，短期的には志願者が集まるかも知れない。しかし日本全体で少子化が進んでいる以上，残念ながら，数で質を担保する発想には限界がある。実際，多くの大学で入試広報の施策は行き詰まりを見せ始めている。

　筆者はそんな大学業界で職員として数年の勤務を経験した後，大学から民間の現役高校生向け予備校に転職した。今度は大学受験の手前側で，高校生に寄り添って彼らの進路選択を支える立場となったわけである。そこで筆者に与えられたのが，大学と連携した教育プログラムの企画運営という仕事だった。

　関わった取り組みは，誰でも気軽に参加できる模擬授業やキャンパスツアーのようなものから，参加者を絞り込んで行う「深い」プログラムまで，じつに多様だった。

　「深い」プログラムの代表例は，スーパープログラムと名づけられた取り組みだ。高い研究成果で知られる日本全国の大学教員数名に協力を仰ぎ，それぞれの学問分野を高校生に体験させてもらう。数日間，時には数ヶ月間に渡って高校生たちがキャンパスに通い，ロボット工学や宇宙工学，先端生命科学，ナノメカニクス，創薬科学などの「研究」の一端に挑戦させるという，高校生にとっては難易度の高いプログラムである。欠席は基本的に認めず，さまざまな課題も出す。学会での調査や各種の研究発表，実際に手を動かしての機械製作なども盛り込まれていた。大学の研究者だけではなく，高校生側に寄り添うメンター役のスタッフが必ずおり，参加者たちを励ましたり，出された課題の意義を説明したり，ときには悩みの相談相手になったりと，さまざまな面でのケアを行っていた。

　これらのプログラムは結果的に，参加者達の進路意識にもさまざ

まな影響をもたらした。彼らの多くは大学での学問の楽しさを知り，もっと高度なことを学びたいという動機で進学していった。就職のために必要だという理由で大学進学を考える高校生が一般的には少なくないが，このプログラムの参加者には明らかに，「学び」そのものが進学の目的になる傾向がみられた。大学入学時の段階で学びたいテーマや，取り組みたい具体的な研究イメージをすでにもっているというのは，大学にとっても好ましいことだっただろう。

　中には「自分はロボットづくりを誤解していた。表面的なイメージだけでこの分野を志望していたが，実際にやってみると自分には向いていないとわかった」といって，進路を変更する者もいた。これはこれで大事な気づきだろう。

　この経験を通じて筆者が得た気づきは，おおむね以下のようなものだ。

「大学の高度な授業や研究は，高校生を知的にわくわくさせる魅力を秘めている」
「大学の授業や研究は，高校生の進路学習にとって最高の「教材」になり得る」
「学問の楽しい部分だけを見せ，高校生をお客様・消費者としておもてなししているだけでは，彼らは大学の学びの本質に気づけない」
「高校生のレベルに合わせた模擬授業を提供するのではなく，むしろ大学の普段のレベルを高校生に体験させることで，彼らの成長目標を示してあげることも大事」

　私にとってスーパープログラムは，こうした意義深い気づきを得る大きな転機となった。しかし同時に，しかし多くの高校生がこうした機会を得ることなく文理選択，学部選択などを行い，受験先を決めているという現状について考えないわけにはいかなかった。

　スーパープログラムは非常に手の込んだ，手間のかかる取り組

みであるため，それほど多くの高校生を受け入れることはできない。大学の教員にも大きな負担がかかるので，協力してくれる方を確保するのも難しい。

何より，このプログラムに参加できる高校生は，申し込んでくる時点でかなり真剣に自分の進路を考えている若者たちであり，今日の日本社会においてはむしろ少数派である。本当に必要なのは，「自分の進路を真剣に考えられていない」層の高校生に向けたプログラムなのではないか――そんな問題意識をもつに至ったのである。

③ 進学ミスマッチという社会問題

心理学を例に，高校生の進路検討の三つの質問を考えてみよう。

> 1）心理学とは，どのような学問なのだろうか？
> 2）A大学心理学科とB大学心理学科にはどのような学びの違いがあるのだろうか？
> 3）そもそも自分は本当に心理学を学びたいのだろうか？　思い込みや，表面的なイメージだけで選んではいないだろうか？

この3つは，それぞれ異なる要素に関する質問である。1）は「学問理解」，2）は「学校理解」，3）は「自己理解」とでも表現しておこう。

1）の学問理解が十分でなければ，文理選択や学部・学科選択ができない。2）がなければ志望する大学が決められない。そして3）がなければ，進学後の学習に意欲をもてず無為な日々を送ったり，せっかくの大学を中退してしまったりする。どれも充実した大学生活を送るためには大事な要素であろう。

では，実際の高校生は，受験までにこれらの問いに向き合い，自分なりの答えを出しているのだろうか。また，進路を考える方法を「学ぶ」機会が，高校3年間に用意されているのだろうか。

「もしも大学入学者が100人の村だったら」という数字を紹介しよう。100人中，まず12人が中退，そして13人が留年する。さらに30人は就職が決まらないまま卒業し，14人は就職先を3年以内に離職。つまり大学を4年間で終え，卒業と同時に就職し，そこで3年以上働く者は31人に過ぎない（山本，2013）。これが日本の大学入学者の平均値であり，大学入学者の4分の1が中退もしくは留年している現状は決して看過できない。

　この中には，海外留学のために卒業を積極的に延期したケースなども含まれるから，数値だけを一概に問題視はできない。また，ストレートでの卒業が絶対の「正解」だと断定する意図は筆者にはない。ただし，多くの大学進学希望者は，おそらくこうした大学進学後の現状をそもそも知らないではなかろうか。筆者は毎年数多くの高校で生徒および教員向けの講演を行っているが，現場で進路指導にあたる高校教員の方々も高校生たちも，こうしたデータを示すと非常に驚く。

　中退の理由は大学や学部・学科によってさまざまなため安易な一般化は避けたいが，代表的なパターンとして経済的な理由，学習意欲の喪失，学習についていけなくなった，友人関係づくりが上手くいかず学内に自分の居場所をつくれない，などが挙げられる。経済的事情のようにやむをえないものもあるが，明らかに学部・学科の内容を勘違いしていた者や，大学で求められる学習態度を理解できていなかった者，もともと学習意欲が高くないのに安易な進学を行った者など，高校時代の指導次第で予防できたと思われるケースも少なくない。

　大学や専門学校などの高等教育機関を中退した後，正規雇用に就けたのはたった7％というデータもある（労働政策研究・研修機構，2012）。文部科学省なども近年は，各大学に対して中退抑制を呼びかけている。それにもかかわらず，大学中退者は2007年度の63,421人から，2012年度には79,311人にまで増加し，5年間で約2割も増えている計算になる（文部科学省，2014）。

　レジャーランドと揶揄された時代はとうに過ぎ，昨今の大学はさまざまなハードルを学生に課すようになった。しっかりと授業を受け，ディスカッションや発表なども含む課題をクリアしていかない限り，簡単には卒業できない。四年制大学への進学率が過半数に達した今，以前なら大学に進学しなかった層の若者を大学は受け入れている。ミスマッチが増えている背景には，こうした社会環境の変化もあるだろう。逆にいえば，進学してくる層が変わったのだから，以前と同じ学生募集活動を続けているだけでは中退が増えるのは当然である。

　ここで先ほどの問いに戻ろう。

　筆者は高校の進路指導教員に対する研修のほか，大学の教職員に対する研修も手がけている。高大双方の取り組みをリサーチした上で，ここでは結論のみ述べるが，①学問理解，②学校理解，③自己理解，すべて十分ではないようだ。

　30分程度の模擬授業や出張授業で，学問の本質を伝えることは難しい。大学側の目的は志願者獲得であるため，大抵は学問の楽しい部分，印象的な部分だけが抽出された内容になる。誰が聞いても理解できるよう，高校生向けに平易にアレンジされた模擬授業は，場合によっては大学での学びを勘違いさせ，かえってミスマッチを生み出す恐れもある。

　楽しげな写真やキャッチフレーズばかりで具体的なデータに乏しい大学案内は，各校の教育の特色を伝えきれていない。キャンパスの立地や雰囲気，世間的な知名度など，表面的な情報で高校生が進学先を検討するのも無理はない。

　とりわけ高校生自身の自己理解を促進させる機会がほとんどないことは問題だ。高大連携協定を結んだ高校・大学間では特別なプログラムが用意されていることもあるが，そうでない高校の生徒には，大学の学問を実体験する機会がほとんどない。

　高校3年間で自分の進路を探す。その過程を通じて，さまざまなことに気づかせることができるはずである。だが筆者が思うに多く

の高校で行われている進路指導は，卒業後の行き先を絞り込み，入試に備えるための機械的な工程のようになっている。これを，生徒にとっての大事な「学び」にできないものだろうか。

　しかも前節で述べたとおり，①学問理解，②学校理解，③自己理解の学習をより必要としているのは，高度な研究活動を志向するような目的意識の高い高校生ではなく，どちらかというと進学意識が曖昧で，なんとなく周囲の流れに合わせて大学へ行こうと考えているような高校生たちなのである。

④ 高大接続の学習プログラム「WCV」で得た気づき ……

　多くの高校生が気軽に参加でき，どの大学でも実施可能で，かつ進路学習にプラスの影響を与えられるプログラム——NPO法人NEWVERYが展開している高大接続プログラム「WEEKDAY CAMPUS VISIT（以下WCV）」は，まさにこうした趣旨で設計されたものである。

　WCVは大学の普段の授業を高校生に一日かけて体験してもらい，そのなかで本人の進路選びやキャリア学習に役立つさまざまな気づきを得てもらおうというプログラムである。NEWVERY理事長（当時）の山本繁氏から「大学進学後の中退を減らすために普段の授業を高校生に体験させるような仕組みが作れないだろうか」という相談を受けたのが，このプログラムを開発したそもそものきっかけだった。プログラムの設計や現場の運営，各大学への導入推進を担当する外部ディレクターとして筆者も関わり，2012年秋に法政大学キャリアデザイン学部，および立教大学経営学部で試験的に実施し，2013年の4月から大学と行う事業として本格的にスタートした。

　2017年8月現在，WCV実施大学は北海道から鹿児島まで，国公私立合わせ70大学以上，延べ参加者数は既に1万人を越えた。これまでに46都道府県の高校生が参加してくれている。中退率20パーセント程度の大学でも，高校時代にWCVを経験した学生からは

（経済的理由以外の）中退者が出ていないなど，ミスマッチ抑制の効果も各大学から報告されている。高校での学習態度にもよい影響がみられると，高校側からも好評である。今後も継続的な成果検証は必要だが，進路学習のプログラムとしてはまず一定以上の成果を上げているといえるように思われる。

　WCV は，おおむね以下のような流れで構成されている。

> 1）認定WCV コーディネーターによるガイダンス（60 分程度）
>   NEWVERY の研修を受けた認定WCV コーディネーターが，WCV の趣旨に基づいて運営する。参加者同士でさまざまなワークをしながら，現在の自分の大学理解度を確認。大学の授業をどう受けるべきか，一日を通じて何を検証するべきかなど，授業に向かう準備を行う。
> 2）授業体験（2 コマ程度）
>   大学生に混じって大学の普段の授業を受講する。90 分の授業なら 90 分，フルタイムで受けてもらう。途中退席などは認めない。
> 3）認定WCV コーディネーターによる振り返りワーク（60 分程度）
>   参加者同士でワークをしながら一日の気づきを共有し合う。認定WCV コーディネーターは参加者の気づきをより深められるようフィードバックなどを行う。

　ガイダンスや振り返りワークの内容はNEWVERY が設計してあり，プログラムの趣旨がぶれぬよう，すべてのWCV で同じガイダンス，振り返りワークが行われる。コーディネーターを務めるための研修にはすでに 800 人以上の大学教員，大学職員，および学生が参加している。WCV は全国の大学が力を合わせて実現した，進路学習のためのインフラといえるだろう。

　WCV のプログラム設計にあたっては，以下のような点を考慮している。

（ア）参加しやすさ，楽しさ

高校生の参加ハードルを下げるため，一日完結で気軽に参加できる形にしてある。また，参加した高校生同士がわいわいと楽しくワークを行え，友人にも参加を勧めたくなるような体験にすることも心がけ，あまり対話型のワークに慣れていない高校生でも参加できる設計にしてある。

（イ）導入の容易さ

一人でも多くの高校生に参加してもらうため，将来的には全国津々浦々，どこの高校の生徒でも，近隣の大学で一度は授業を体験できる体制を整えたいと考えている。この実現に向けて全国の大学教職員や学生が，自分たちで運営できるようなプログラムが望ましいと考え，多くの認定WCV コーディネーターの育成を目指している。

（ウ）気づきの深さ

WCV 自体が主体的学習者になる準備学習として位置づけたいと考え，学問理解，学校理解，自己理解のうち，特に欠落しがちな「自己理解」「学校理解」を補完するものとして展開している。そのためには参加する高校生を消費者ではなく学習者として扱うプログラムにとし，楽しくて華やかな授業だけではなく，地味で難しい授業も体験できるようにしている。いかなる授業であっても，そこから何らかの気づきを引き出せるプログラムが望ましいと考えている。

（エ）公共性・中立性

大学や高校の教職員など，大人の意図を参加者に押しつけるようなプログラムであってはならないと考え，意図的に参加者の進路意識を特定大学へ誘導するような運用は禁じ，あくまでも参加者本人が，体験をもとに自ら大学を検証する進路学習の場とすることを重視している。

　まさにこの部分が，本書全体で述べられている「ライト・アクティブラーニング」の趣旨に重なるところだと筆者は考える。

　WCV は大学の普段の授業を教材にして，高校生に「進路選び」のあり方を考えてもらう取り組みである。だが，進路選びに，絶対的な正解など存在しない。WCV では授業体験後の振り返りワークの中で，コーディネーターが参加者の出した気づきに対してさまざまなフィードバックを行うことになっているが，「大学の中味は多様」「大学は自分で学ぶ場所」などの一般的なアドバイスを除いて，明確な結論は規定していない。

　いわゆる「ディープ・アクティブラーニング」の考え方では，最終的に学習者に得て欲しい気づきの内容やレベルをプログラムの設計段階で先に規定し，そのゴールを達成するためのプロセスを各種の課題やワークに落とし込み，達成度をルーブリック評価などで測定する……といったアプローチになるだろうか。

　しかし，WCV では，まず第一に，そもそも体験できる「普段の授業」の選択肢が毎回異なる。体験できる授業の中味を事前にすべてコーディネーターがチェックし，その内容に合わせたワークやフィードバックを用意しておくというのは現実的ではない。大学の授業自体，その時々の社会情勢や学生の反応，教員の判断によって常に変化する性質のものであり，こちらの都合通りに進むとは限らない。

　第二に，前述の通り進路選択の仕方は多様であり，プログラムを運営するコーディネーターであっても，正解を押しつけることは望ましくない。WCV の仕組みを悪用すれば「望ましい気づきの結論に合わせて生徒を誘導する」といったフィードバックすらできてしまう。WCV ではこれを防ぐために，高校生同士が対話し，その対話から生まれたさまざまな気づきを「ゆるくつなげる」存在としてコーディネーターを位置づけている。どちらかといえばこの役割は，ワークショップのファシリテーターに近いかもしれない。

　参加者同士の対話によって偶発的に生まれる気づきが，進路学習

では大事だ。各大学でWCVの運営に携わるコーディネーターには，事前に意図していなかった，想定外の意見が参加者から出てきてもそれを否定せず，丁寧に拾い上げる姿勢を求めている。

NEWVERYの研修を受けた認定WCVコーディネーター800人のうち，最も多くを占めるのは大学の職員である。彼らの多くは教員として教壇に立った経験をもたない。ましてや教育学の専門家ではない。母校に就職した方を除けば，勤務先の大学の授業を受けたことがない人も多い。だが，WCVのコーディネーターに高度な専門知識・技術は必要ない。高校生への適切な理解と基本的なファシリテーションの方法を共有すれば，誰でも運営できるプログラム設計となっている。まだまだ全国の高校生が参加できるほどではないが，それでもWCVは少しずつ着実に会員大学を増やし，各地で拡がり続けている。

⑤ まとめ

本章ではWCVを紹介しながら，進路学習における「ライト・アクティブラーニング」の意義について，筆者の私見を書かせていただいた。

本章で述べたとおり，日本の進路選択のプロセスには問題が多い。単なる消費者・お客様として高校生をイベントで楽しませるのではなく，学習者としての楽しさとたいへんさを同時に体験してもらう本質的な取り組みが，絶対数として足りていない。高大連携協定校との「深い」取り組みも大事だが，多くの大学進学希望者が体験できる，開かれた学び体験の場が必要であると痛感し，展開しているのがWCVに他ならない。

普段の講義，普段のゼミ，普段の研究，普段の学生。大学には，高校生の教材になりそうなリソースが豊富にそろっている。これらを活かさない手はない。手の込んだプログラムでなくてもよい。参加者が楽しく気軽に参加でき，かつ「ちょっとした進路の意識変革」

を促せるような小さな取り組みを，少しずつ増やしていこう。発想を変えれば，あまり労力をかけずにできることも多い。ライト・アクティブラーニングとも発想が共通する面が多いWCV が，今後，多くの大学で展開され，多くの高校生に活用されるものとして発展することを切に願っている。

【引用・参考文献】

文部科学省（2014）．「学生の中途退学や休学等の状況について」2014 年 9
　　月 25 日

山本　繁（2013）「つまAずかない大学選びのルール」ディスカヴァー・ト
　　ゥエンティワン

労働政策研究・研修機構（2012）．「第 3 回若者のワークスタイル調査」

Chapter 6

経済学習から主権者教育へ
学力差を乗りこえるライト・アクティブラーニング

河原和之

① はじめに：経済学と主権者教育 ……………………………

　倉本聰脚本・演出の演劇『走る』を鑑賞した。色々なメッセージのある作品であるが，「文明批判」もその一つである。セリフの中に「水より石油」「足より自動車」などを選択した人類への警鐘を示唆するものがあった。確かに「水」「足」は生きていく上で不可欠である。人類は「石油」により二酸化炭素を放出し，地球温暖化をもたらした。また，「自動車」により歩くことが少なくなり，現代病である生活習慣病をひきおこした。しかし，「石油」はエネルギーだけではなく，多くの石油製品を生み出し，私たちの生活を豊かにした。また，製品をつくる企業を活性化した。企業の活性化は多くの労働者の雇用，経済の好循環を生み出した。一方，「自動車」製造には約3万の部品が必要であり，関連企業が育ち，自動車工業のある地域は一大工業地帯を形成している。こうして考えると，「水と石油」「足と自動車」は決してトレードオフの関係ではなく，主従はあるが，両者とも不可欠である。持続可能な社会は「石油」「自動車」を削減しつつ「水」「足」を再認識しようという社会であるということもできる。経済学は，「公正」「効率」などさまざまな観点から，両者の「配分」や「比率」を考える学問ともいえる。

　しかし，経済学は「すべての人をハッピーにしない」。なぜなら，経済学の基本は「トレードオフ」にあるからだ。エネルギーはじめ，水，食料，国や地方公共団体の予算など資源は有限である。無限にあるように思える空気でも清浄な空気となると有限である。消費行動は「選択」そのものである。「選択」された商品は生産や販売を伸

ばし,「選択されなかった」商品は, 競争により淘汰される。投資行動も, どの株式を購入するかにより株価が変化する。「主権者教育」とは, 多様な選択肢から取捨選択する判断力, 意思決定力を培う教育であり, 経済学習を通して, この力をどう育てていくかが本章の目的である[1]。

② 主権者教育とユニバーサルデザイン

「主権者教育」は, 選挙に対して「そんなのじゃまくさい」「せっかくの休みだし」「一票なんて何の意味もない」「選挙に行っても何も変わらないって」って思っている生徒に対して, また,「あのポスターの人, イケメン!」「なんとなく感じ悪い!」「彼が＊＊さんに投票するから私も……」と根拠なく投票する生徒に対してこそ必要な教育である。テレビや新聞をはじめマスコミでは「主権者教育」が叫ばれ, 学校では「模擬投票」をはじめ, さまざまな「主権者教育」が行われている。しかし,「今日は選挙だっけ?」「選挙!ダルイ!ウザい!」って言う若者は置き去りにされている。なぜなら, マスコミや書籍が取り上げる授業をみるかぎり,「選挙, う〜ん!ちょっとダルイけど行くか!」とならないからである。

本章は,「学力差を乗りこえるライト・アクティブラーニング」という挑戦的な提案である。それは, 以上のような生徒にこそ主権者教育が必要であり, 選挙における投票率をアップに限定したとしても, 政治的無関心層へのアプローチが不可欠と考えている。いわばAWAYにおかれている,「できない子」を主人公にした授業づくりから, すべての生徒がわかる」「一人もおちこぼれがない」「ユニバーサルデザイン」による「主権者教育」が問われている。

---

1) 尚, 以下の実践事例は, 立命館大学, 近畿大学における中高校生向けの模擬授業として実施したものである。

③ エンゲル係数の今：価値判断の基礎を育てる ･･･････････

　エンゲル係数とは消費支出に占める食費の割合である。戦後の混乱期は60％程度だったが徐々に低くなり2005年の22.9％まで下がったものの，それを境に徐々に高くなり2015年は25％と高くなっている。その理由を多面的多角的に分析することから，主権者として必要な価値判断力を育てる実践について紹介しよう。

■〈ライト・アクティブラーニング授業①〉KJ法

　本書の編者の橋本氏はKJ法をライト・アクティブラーニングとは捉えていないようであるが，私の感覚ではKJ法はライト・アクティブラーニングである。ただし，このあたりの議論はここでは避け，私の実践概要を紹介することにする。

　まず，学生たちにエンゲル係数が高くなった要因を思いつくままポストイットに書いてもらう。その後，次のような指示をする。

> グルーピング：アトランダムに書いた内容をグルーピングし，表札をつけよう。

　すると，例えば，次のようなグルーピング結果となる。

《社会の変化》	《経済の変化》
女性が働くようになり家庭料理が少なくなった	給与所得が少なくなった
女子会ランチが増えた	消費税がアップされた
高級で美味しい店が多くなった	貧困が増えてきている
グルメブーム	《マスコミ》
回転寿司ブーム	テレビでの食に関する番組が多くなった
共働きが増え，外食ですまそうという家族が増えた	食べ物に関する宣伝が多い
格安チェーン店が増え外食が多くなった	《考え方の変化》
高級で美味しい店が多くなった	老後が心配なので節約するようになった
	食べるくらいしか楽しみがない

次の段階では，以下のような指示をする。

> プレゼン：エンゲル係数が高くなった要因について発表しよう

すると，発表例は，例えば次のようなものになる。

> 給料が安くなったことが最も大きい要因です。食べることは絶対
> 必要だから減らすわけにはいきません。また，最近は，高級で美
> 味しいものが好まれるようになり，レストランで食べたり，高級
> 品を買うようになったりしています。また，女性の社会進出で，
> 食事は家でというのが少なくなりました。女子会など，食べるこ
> とはコミュニケーションの一つになってきています。

　エンゲル係数が高くなった要因を経済，社会など多様な観点か
ら分析し，現代社会に対する見方・考え方を培う授業である。この
ことから，価値判断力など主権者に必要な資質を養うことができる。
KJ法は自然に，こうした「深い」学びを誘発すると考えられる。
　他の事例として，「自販機になぜ格安飲料が販売されているのか」
「100円均一ショップの秘密」「コンビニから社会を見る」「宅配便の
伸びてきた背景をさぐる」「爆買はなぜおこったか」などのテーマが
考えられる。
　このように一つの事項や現象から，時代を読み取り，思考力・判
断力を培い，洞察する力を養うことが主権者教育である。

④ あなたが選ぶ電力とふるさと納税 ‥‥‥‥‥‥‥‥‥‥

選択，意思決定と社会の在り方

　2016年4月から，北海道電力から沖縄電力までの従来の10電力
会社を含め，新たに参入したサービス会社からも自由に電気を買う
ことができるようになった。各家庭は，さまざまな会社の料金やサ

ービスの内容を見比べ自由に選ぶことができるようになったわけである。サービス会社は 40 社を超え，大阪ガス，昭和シェル，大阪いずみ市民生協，KDDI などが参入している（2016 年 8 月現在）。そこで，これを題材としたグループ討議型授業実践も行った。

〈ライト・アクティブラーニング授業②〉グループ討議
まず，次のような討議仮題を出す。

君たちのグループは次のどこから電気を買うか考えなさい。
（企業名はすべて仮名）
1）W ガス会社：電気とガスのセットになっており，安い料金体系になっている
2）O エネルギー会社：液化天然ガスや石油を輸入している会社なので，電力の一部を自前で確保できるので料金が安い
3）KDDH：携帯電話やスマホを販売している会社で，携帯料金と同時に支払いできる
4）コンビニR：電気の契約者には全国でコンビニで使えるクーポン券が毎月もらえる
5）エコ電気：太陽光や風力など再生可能エネルギーで作った電気を供給。少々価格は高いが自然にやさしい
6）みやまスマートエネルギー：自治体が電気を販売する。市がお金を出している太陽光発電所でつくった電気を中心に，家庭で余った電気も買い，足りない分は九州電力から調達する。

すると，活発な討議がなされる。例えば次のような感じである。

「そりゃ安いほうがいいのでは？」
「1）かな？」
「でもコンビニをよく利用するから，④もいいな」
「5）のエコ電気も地球にやさしいからいいのでは」

> 「でも高いよ」
> 「5）の家庭で余った電力を買うってもなかなかだよ」
> 「価格か地球のやさしいかのどちらをとるかってことかな」
> 「1）と6）で採決しよう」（⇒⑥に決定）

　もう一つ別の実践例も紹介しよう。「ふるさと納税」の授業である[2]。

　若いころ育った故郷にも納税するしくみがあればいいのに，という発想から始まった制度であるが，好みの地方自治体を選び寄付するもので2008年にスタートした。寄付額のうち2000円を超える分が所得税と住民税から控除される。寄付額に応じて返礼品がもらえることが功を奏して，寄付総額は2015年度に前年度の4倍の1600億円余に増えた後，2016年度はさらに倍増の3千億円程度になった。

　こうした状況を背景を概説した後，受講生には次のような討議課題を出した。

> 君たちは，どの自治体に寄付しますか？
> A（長野県伊那市）全国8位の約26億円で返礼品は家電。
> B（島根県浜田市）全国10位の約21億円で返礼品は魚。
> C（山形県天童市）さくらんぼや将棋のストラップが返礼品。寄付金は，駒づくりの職人育成や，将棋教室の運営費に使われる。
> D（東京都東大和市）戦災遺跡「旧日立航空機変電所」を平和のシンボルとして後世に残す基金として使う。返礼は寄付者の名前を変電所内に掲示。
> E（熊本県益城町）1万円以上の寄付してくれた方が対象。返礼品は，熊本復興プロジェクト描き下ろしイラストグッズ
> F（埼玉県さいたま市）さいたま国際マラソンの参加権がもらえる

1）ふるさと納税については，朝日新聞（2016a）の他「北海道新聞」「西日本新聞」「室蘭民報」「南日本新聞」「東京新聞」などの地方新聞も参考にした。

　実際の討議では，「返礼品」「地場産業の活性化」「遺跡の保存」「震災支援」など多様な価値観が交錯しつつ議論が進むが，政策や事業への共感でお金が集まる。そんなふるさと納税を目指すべきだという鋭い主張が飛び出したりもする。

　二つの事例は，消費行動選択が社会の在り方に影響を与える事例である。また，未来社会を構想し，今後の社会の在り方を問う「企画」「参画」型授業である。現在，実際に行われている経済政策に対して，多様な選択肢を準備し，多面的な「価値基準」から選択，意思決定する「主権者教育」である。

⑤ チョコレートの裏側：「エシカル」に行動する

　カカオ豆の輸出国第一位はコートジボアール，第二位はガーナだが，この2か国で世界全体の輸出量で約60％を占める。また，日本のカカオ豆輸入量の中で，ガーナが占める割合は80％である。しかし，チョコレート価格のうち，カカオ豆生産者が手に入れる収入は0.5％と言われる。カカオは国の管理のもとで輸出され，国が農家からカカオを買い上げる際の価格は，政府が統一して決めている。中間業者が，農家を買いたたくことはできないしくみだが，生産や加工にかかる労力に対して，適正な価格がつけられているとはいえない。以上のように，「甘い」チョコレートの裏側にある「苦い」現実もある。

　こうした事情を知る日本の若者はきわめて少ないから，チョコレートを題材に，消費者が持続可能な社会づくりに積極的に関わる社会の在り方を考える授業も実勢している。ここから，「エシカル」（倫理的）な生き方，つまり，人・社会・地球の今と未来の幸せのために，責任をもって主権者として行動する主体とは何かを考察することを目的とした「深い」授業である。

　まず，ガーナの農園でカカオ豆を切り刻んでいる少年を想定し，彼にインタビューをすることを受講生に課すところから始める。

出された質問は例えば，下記のような感じである。

> 「何歳かな？」
> 「学校には行っているの？」
> 「家族は？」
> 「遊びは何をしているの？」
> 「ここで働いているの？」
> 「どんな仕事をしているの？」
> 「チョコレートは食べたことは？」
> 「生活は苦しいかな？」

　次に，この質問に対する回答をまとめ少年像の具体化を進めると，例えば，次のようなものができあがる（あらかじめ一定の状況資料を渡しておく）。

> カカオ農家で両親と弟，妹の5人くらし。年齢は10歳。朝早くから，カカオ豆の採集をしている。学校に行く前に，カカオ農園で仕事をしている。また，朝から数キロある水場に行く水運びもしている。学校は午前中に終了し，広場で楽しみの一つであるサッカーをするが，ボールがないので靴下に砂を入れボールがわりにしている。チョコレートを食べたことはない。

この作業の後，グループ討議に進む。

> なぜ，カカオがあるのに，チョコレートが食べられないのだろう？

討議例を以下に示そう。

「お金がないので買えない」
「でも日本円で 100 円だよ」
「贅沢はできない」
「チョコを作る技術がないのでは？」
「すべてのカカオが輸出されてなくなってしまうのかも」
「それはないよ」
「美味しくないからでは？」
「明治やロッテの商品には勝てない」
「そういう外国商品を買う人はいるのかな？」
「あまりいないのでは」
「だってチョコは贅沢だから」……

　こうした自由な討議を通じて，ガーナの子どもたちにとってチョコレートは贅沢品であり，購入できる人があまりいないから国内で生産できない，といったことを自分たちで考察するところまで進むことができる。

　生産現場で働かされている児童労働者は 1 億 6800 人もあり，この多くは 11 歳以下であることも確認した後，さらに次のような討議をする。

　君はB の少年に 3 つのものをプレゼントするとして，何をあげますか？

　「水」「サッカーボール」「靴下」「参考書」「ノート」「ランドセル」「洋服」「ベルト」など，さまざまな回答が挙がるが，それぞれ理由を聞くと以下のような内容である。

「チョコレート」……自分たちの栽培しているものが世界の人たちを喜ばせていることを感じてほしい
「サッカーボール」……靴下ではなくボールで遊ぶ喜びを感じてほしい
「ノート」……勉強してガーナの経済発展のために頑張ってほしい

　こうした学びを通じて，「援助」の観点が，自分に対する誇りと，生活の自立にむけた援助であることを実感することを目指しているが，さらに，以上の学習を踏まえて，自分が具体的に何ができるかを問うと，以下のような回答が出てくる。

1)「チョコレートを買うとき，フェアトレード商品があれば購入する」
2)「東北の福祉作業所で包装されているチョコレートを買う」
3)「友達にチョコレートを買いに行ったときに裏話をする」
4)「学校の文化祭で地域の人たちにフェアトレードのチョコレートを販売する」

　賛同が最も多かったのは 3) で，「友達にも原料生産国の子どもの様子や企業の取り組みを知ってほしいから」「エシカルは一人では意味がなくその輪を広げていかなくてはいけないから」などがその理由である。1) も賛同が多く，その理由は「チョコを買う機会も多く，裏面を見るというちょっとしたことでフェアトレード商品とわかるから」「少し値段が高くても，カカオの生産国や児童労働のことを考えると買おうと思う」というものである。一方，2) については「ガーナだけでなく，東日本大震災で苦しんでいる人たちへの支援も十分ではないから」と理由を述べているが，視野が広がっていることがわかる。そう多くはないが，「バレンタインデーで購入するとき，カカオ生産地の教育や生活改善に役立つチョコレートを買う」というユニークなものもあった。その理由は「好きな人に喜ん

でもらえ，またガーナの人にも喜んでもらえるので，一石二鳥な感
じがしたから」ということらしい。チョコレートも人も小粒で小さ
いが，世界のみんなをハッピーにする力をもっている。そんな小さ
な力の結集が未来をつくると感じさせてくれる。

　本事例は，「エシカル」(倫理的) 実践である。自分たちの少しの
行動が日本や世界に影響を与え，社会を変えていくことを学ぶ主権
者教育である。「知る」「わかる」だけではなく「何ができるか」が
重要である。他の話題としては，武装勢力の資金源にもなっている
希少金属について考える「スマホの裏側」や，海外での児童労働や
低賃金重労働が背景にある「衣服の裏側」などの事例がある。

⑥ おわりに:「ベルリンの壁崩壊からメキシコとの壁へ」

　副題に示したコピーは筆者の造語である。「トランプ現象」を世
界史の流れの中に位置づけたものである。1989 年ベルリンの壁の
崩壊で「冷戦」は終わった。それでは「冷戦の崩壊後」はいつ終わ
ったか？　2016 年 11 月 9 日 (日本時間) アメリカトランプ大統領
誕生の日ではないだろうか？　IS との戦争，シリア難民，アフリカ
の内戦，イギリスのEU 離脱，日本のヘイトスピーチなど，一つと
つのピースには気づかなかった世界の大きいうねりが，トランプア
メリカ大統領誕生で一気に明白になった。そして「ポスト冷戦後」
が始まった。それは，ポピュリズム，テロリズム，そして排外主義
の世界であろう。「ジグソーパズル」をご存知だろう。今はやりの
「ジグソー学習」の語源になったものだ。1 枚の絵をいくつかのピー
ス (小片) に分け，ばらばらにしたものを再び組み立てるパズルの
ことである。最初の 1 ピースからしばらくは，比較的安易で組み立
てやすいが，後半からかなり難しくなる。そして最後の一片を入れ
た途端に，一気にその絵がクリアーになる。トランプ大統領誕生！
その瞬間，世界の全体像がみえた。パズルの途中で，「みえるもの」
から「みえないもの」を見抜く力が大切だ，つまり，時代を読み取

り，未来を志向しつつ変革していく力を養うことも主権者教育だろう。

【引用・参考文献】

毎日新聞（2016）．「エンゲル係数」に関する記事掲載　2016 年 8 月 5 日

朝日新聞（2016a）．「ふるさと納税」に関する記事掲載　2016 年 6 月 15 日
　　〜 22 日

朝日新聞（2016b）．「電力自由化」に関する記事掲載　2016 年 4 月 1 日

朝日新聞（2017）．「社説」で「返礼品より使途を競え」記事掲載　2017 年
　　2 月 27 日

白木朋子（2015）．『子どもたちにしあわせを運ぶチョコレート』合同出版

河原和之（2017）．『クイズで主権者教育』学芸みらい社

Chapter 7

大学教育における思考力の育成について考える

小林祐也

① はじめに：思考力の育成は負担か？ ·································

　ルーブリックを使った質保証，その次は思考力の育成か……。大学教員（以下「教員」）からは，このような悲鳴というよりは負担感をともなうため息が聞こえてきそうである。大学におけるFDの義務化以降，教員は，授業評価アンケートや厳格な成績評価，学生の学びを意識した授業準備などを余儀なくされ，さらに思考力の育成も求められ，負担感が極限にまで達しつつある。

　思い出してほしい。教員はこれまで自身の研究において思考能力を使いこなしてきたではないのか。例えば，複数の学問的知識の対比による特徴の抽出，その妥当性の評価，自身の論を構築するための推論など，これらの能力は，教員にとっていわば「商売道具」であろう。にもかかわらず，思考力の育成を求められれば，とかく「高名な」教育学者の実践を自身の授業で何とかして取り入れようと悪戦苦闘する教員が少なからずいることも否定できない。なぜ，このような矛盾が起こるのだろうか。この疑問を解決するために，現場で授業に奮闘する一人ひとりの教員の語りから思考力の育成の議論を展開する重要性を感じ，彼らの声を多く集めることがまず必要と考えるきっかけになったのである。

　本章では，2017年5月27日に関西大学で開催した「第1回初年次教育における思考力の育成研究会」（以下，研究会）での，教員の思考力の育成に関する議論を読み解くことによって，学生の思考力の育成に対する教員の考え方を明らかにしたい。なお，この研究会「初年次教育における思考力の育成」というテーマを考察するに

あたり，教育学の理論的定義や教育学的知見を最小限にし，できる限り参加者の考える思考力の育成という点にこだわった。また，本章で，研究会に出席した教員が述べた「批判的思考」は，クリティカルシンキングと同義とする。

② 思考力育成に必要な環境 ⋯⋯⋯⋯⋯⋯⋯⋯⋯⋯⋯⋯⋯⋯

　大学教育でレポートや卒業論文の書き方やキャリア形成に関する能力の習得を目指す教養教育科目が増えてきているものの，主流は，学問的知識の習得を意図している。ということは，教員は，思考のために学問的知識をどのように用いるかという点を念頭において指導することになる。ただし，教員が講義型の授業から脱却するために実践的課題を導入して学生に生き生きと学ばせることが地道な基礎知識の習得を学生に動機づけるとは必ずしも限らない（溝上，2007：281）。そうすると，学生が真に学問的知識に興味・関心をもてるようにする取組について検討する必要があるといえよう。

　ここで，溝上慎一氏や松下佳代氏が主張している「ディープ・アクティブラーニング」論のように，知識を深く学ぶことは重要であるが，それは，研究者志望の学生向けである点に注目したい。確かに，研究者になるためには，必要な特定の学問的知識を細部まで掘り下げる能力を身につけなければならないが，企業等に就職する学生は，複数（現実的には二つか三つ）の学問的知識を社会人として必要な最低限の深さまで学べばいいのである。このようにいうと，「研究者になる学生とそうでない学生を区別するのか」という批判を受けそうである。しかし，多くの学生は，実際に社会人として大学で学んだ学問的知識を直接使うことはほとんどないし，使ったとしても「教養」とか「耳学問」という形で，取引先で商談を円滑に進めるために用いる程度といえよう。要するに，あるトピックについて考えるために必要な最小限の知識である。にもかかわらず，教員は，自身が専門とする学問を体系的に系統立てて指導しようとす

る。例えば，農業経済学を学ぶためには，まず＊＊の「ミクロ経済学」の内容を習得しなければならないという感じに……。この状況から抜け出すことが，学生目線に立った思考力の育成に向けた第一歩といえよう。

　具体的には，心の教育機能からみた農業を農業経済学から学生に，そこでの教育方法や内容を教育学の点からそれぞれ学生に検討させる取組が挙げられる。そこで，学生は，農業経済学や教育学をそれぞれ系統的に「深く」ではなく，教育の内容に関係する部分を抽出して探求するなかで思考力を育成することが求められる。

　次に学生の学びについてみると，彼らの大半は，大学入学まで思考とは無縁の環境にあり，思考にふれる機会をもたないまま過ごしてきた。このことは，第1回研究会で話題提供をいただいた出口汪氏の主張からもうかがえる。

> 学生や子どもたちは，他者意識をあまりもてない。なぜなら，子どもたちの環境は，家庭で同じ家族と一緒にいる，学校で同じ人間といる。なので，他者意識がなくても，感覚でコミュニケーションをとることができ，それに対して危機感をもつことはない。」
> （研究会での話題提供より）

　つまり，学生は，幼少のときから家族や友達が自身の考えを察してくれる環境にいるので，自身の考えを筋道立てて説明したり，相手を納得させるために論を組み立てて話をしなくてもよかったというわけである。出口氏は，学生が思考力を育成するにあたり，まずは自分の主観を消すところからはじめなければならない，と述べている。ここで注目すべき点は，思考力がなくても問題ないという学生の意識である。これについて，さらに次のようにも述べている。

今の学生は，論理的な文章を読まない，近代文学を読まない，議論しない。なぜなら「ウザい」って嫌がられるから。だから抽象的な概念を身につける場をもっていないんですよね。さらに，彼らは，絵文字を使うようになっている。これらは，全部，感情語ですよね。漫画にゲーム，それらが悪いんじゃなくて，どの段階で論理的な言葉の使い方とか抽象的な言葉のやり取りを身につける場が全くない。（研究会での質疑応答より）

　これまでの学生ではあたりまえだった文学を教養として身につけ，その内容を仲間と議論するという習慣が消え失せている。学生は，他者の考えや価値観を本当に理解するのではなく，その時々の「感情」で言葉を交わしているに過ぎない。さらに，大学での授業以外で論理やクリティカルシンキングにふれる機会が皆無であることも，思考力の育成の問題として重大である。

　学生が高校までに受けてきた国語教育を考えてみると，説明文や評論文，物語文，小説文といった文章の内容を正確に読み取る重要性を子どもにほとんど伝えてこなかった。例えば，中熊豊仁氏らが対象とした小学校2年生の授業でも，子どもに小説文を自由に読ませて気に入った部分を書き抜かせ，その理由を感想としてまとめさせている（中野他，2017：349）。中学と高校でも，現代文問題集を解いて自己採点した後，各自の生徒がその問題をどのように間違ったかを検討し，その内容を発表させているものの，その発表が内容よりも喋り続けるところに重きをおき，さらに生徒各自が気づいたことや反省事項をメモにして提出させている（金延，2017：19）。これらの学習活動は，生徒の主観を重視しており，反省を他者と対比しつついかにクリティカルに捉えるかについては明確になっていない。

　このように，大半の子どもは，自身の主観で文章を読み，意味を把握することを結果的に推し進めることになってしまったといえよう。小中高の教師は，子どもが「小説の登場人物がどういう心情で

文中に書かれた行動をとっているのか」とか「その心情と風景描写はどのように結びついているか」といった問いを示す必要があるにもかかわらず，子どもたちに「あなたはどう思う？」という問いを投げかけている。学習者が論理を意識して小説文を読むとは，読み手が文章の内容についてどう思おうと関係なく，筆者が描いた登場人物の心情を正確に読み取ることを意味するはずであるが……。

　要するに，学生は，物事の筋道という論理性を意識しなくても家族や友人との間でコミュニケーションが成立していたため，論理の欠如に対する危機感を抱くことなく大学に入るまで過ごしてきた。さらに，学校教育現場も，子ども自身の主観を掘り下げることに重きをおいた学習活動が主になっており，文章の筆者の主張や思想などを客観的に読み取る方法を十分に指導することができていない。このような状況を考慮して，教員は，思考力の育成プログラムを構築していかなければならないのである。

③ 教師の語りから見えてくる学生の思考力の育成像 ………

　今後の大学教育における思考力の育成を考察していくためには，以上のような大学入学までに思考力の育成の環境におかれてこなかった多くの学生を念頭におく必要がある。教員は，入学してくる学生が思考力を全く備えていない，と半ば「覚悟」を決めて思考力の育成に臨む姿勢をもつといってもいいだろう。そこで，本節では，第1回の研究会の質疑応答と全体討論で示された，参加した教員からの主張やコメントを通して，現場に根差した思考力の育成像を探っていきたい。

　まず，初年次教育でアカデミックライティングを指導する教員が学生の文章を書くことへの苦手意識がライティング能力形成を阻害しているのではないかという指摘を取り上げたい。

私が行った学期始めのアンケートで，「書くことが苦手か」という質問に対し 80％以上が「書くことが苦手」と答え，その理由として 80％の学生が「高校までの国語が苦手だった」答えた。そのなかで，「どんな文章を書くのが苦手だったか」という質問に対して圧倒的に多かったのが「読書感想文を書くのが苦手だったから，この授業も不安がある」という意見ですね。

私は，レポート指導のなかで論理ではなく「一貫性」という言葉を使っていますけれど，学生に中間レポートを書かせると，一貫性がないので朱を入れて返すと，返却した授業の後に私のところに訪れた多数の学生が，「自分はこういうつもりで書いたんだ」という言い訳をするんです。学生が話す部分においては，論理まではいかないにしても何とか筋が通っている感じがします。なぜ言いたいことを書かないのか，という主張と文章のズレのようなものを感じます。

学生が「国語が苦手」と言うので，私も授業のはじめに「この授業は国語の授業ではないから」と言ったことに対して，理工系の学生の方が一貫性に対して「あっ，そうなんだ」と捉えることができるのに対し，多くの文系の学生は，「やっぱりこの授業は国語でした」という認識にとどまっているようです。やはり「書くことが苦手だ」というマイナスの意識から授業に入ってしまっていると思います。（女性教員Ａのコメントの要約）

　学生は，大学入学までに形成された国語に対する苦手意識を引きずり，文章を書くことを苦手なものとしていることがわかる。彼らが自身の頭では書きたいことをわかっているが，それを文章化できない場合が多い。女性教員Ａが「学生の主張自体は論理まではいかないまでも何とか筋が通っている」と述べているように，学生のライティング能力が全くないわけではなく，その萌芽をうかがえる状況にはある。とすれば，教員は単にライティングスキルを学生に丁寧に指導するだけでなく，彼らが気づいていないが潜在するライテ

ィング能力を引き出す取組を行う必要がある。これは研究会のもう一人の話題提供者である橋本勝氏（本書の編者）の主張と関連している。この能力の引き出しにあたっては，高校までの国語の授業が論理を含む思考力を習得できる場になっていないので，それを習得できてないことは気にしなくてもよい旨を学生に理解させるところから始めなければならないだろう。

　次に，男性教員Ｂは，日常生活でも行えるような思考力の育成を主張している。ここでは，学問的知識と思考力を領域固有性と汎用性の対比に注目している。

　大学の初年次で論理とかクリティカルシンキングを育成できるか否かを考える際に，専門教育において特定の領域の知識を深く学ぶプロセスと，初年次教育で汎用的な内容を学ぶこととの関係が重要だと思いますね。
　クリティカルシンキングとか論理力は，なかなか専門教育だけでは育成が難しいのですが，何らかの専門教育で用いる論理を別の領域であてはまるかどうか学生にチェックさせるという学習方法が一定の効果をもつのではないでしょうか。
　過度に汎用性を追求しても効果が上がらないと思います。私は，例えば，ある学問をしっかり学んでクリティカルシンキングできたからといって，異なる分野でも同様にできるとは限らないと思います。能力の転移には期待していません。
　現在，研究されているクリティカルシンキングのテストでは，「あなたはクリティカルシンキングを要求されていますよ」という指摘を重視しているんですよね。日常生活で人の話を聞いたり，コマーシャル見たりするなかで「あっ，それおかしくないか？」という点に気づく能力とは少し違うんです。したがって，汎用的に広範囲への応用は難しいと思います。（男性教員Ｂのコメントの要約）

　この教員は，専門教育を通して習得した論理やクリティカルシンキングのスキルを他の学問にあてはめる重要性を認めるものの，それだけでは不十分であると述べている。さらに，あらかじめ「クリティカルシンキングを用いる」ことを求める学生向けのテスト形式の評価を批判的に捉えていることがわかる。そして，明確に新たな評価の枠組みを示していないものの，日常生活で自然とクリティカルシンキングを行える能力の評価の重要性を指摘している。これに対して，次のような橋本氏の授業設計の紹介が興味深い。

　私の授業では，学生が考えていることをどう伝えるかより，その前に，その問題について学生自身の感性で話し合えるかどうか，考えられるかどうかを重視しています。それをしやすいよう，「鉄は熱いうちに打て」という考え方で，必ず生の問題，今，現実に起こっている問題をできるだけ話題として使うようにしています。「現実に」というのは，つい一週間前のことである場合もあれば，2，3年前に起こったことで今も人々が話題にしていること，あるいは，この10年来問題提起されて続けていることもあります。要するに，人々の口にまたはテレビ画面などでごく普通に見かけることを指します。具体的には，トランプ政権やSTAP細胞などですが，教員は一般にこのようなテーマを扱いませんね。なぜかというと，大抵，自分の守備範囲を超えるからです。つまり，理系のことも文系のことも一人の教員が全部扱うことはなかなか難しいわけです。

　ところが，学生が100人ほども集まると，さまざまなことに関心をもってあたりまえです。そのテーマに関してかなり深い関心をもっている学生も必ずいます。そうすると，そういう人の発言とか，または何か主張を聞くことによって「あぁ，そうなのか」とか，そこで共鳴したり，素朴な疑問をもったりします。それがその人の考え・主張の第一歩になるわけです。

　典型的な例としては，私は，東日本大震災の発生直後に，元々計

画していたシラバスをすべて変更し，テーマをすべて東日本大震災関連のものにしました。東日本大震災を授業化した例は，その年の後期には少し出始めたんですけれども，起こった直後に（受講者のなかには被災者もいる状況で）話し合うかどうかが重要になります。ただし，精神的なショックをうけている人間がたくさんいる中でやれるかどうかという別の問題が生じますけれども，学生の関心は明らかに高いですから，自然に発言は活発になります。（研究会での話題提供より）

橋本氏が重視しているのは，「学びたい」「知りたい」という内に秘める学生の感性を自然に高める点である。学生は，普段，ラインやインスタグラムなどのSNSをやりたいと思うように，自然に思考したいという気持ちにならなければ自発的に思考するところまでなかなかいかない。そこで，教員は，例えば，トランプ政権誕生や東日本大震災という，テレビや新聞などのメディアを通して繰り返し見聞きする内容を授業のテーマとすることによって，まずは学生自身の興味・関心を喚起することが有効なのである。そのとき，学生は，それまで自身の思い込みや自己流の解釈を通して捉えていたテレビや新聞からの情報の妥当性を論理やクリティカルシンキングを使って見極めたうえで，自身の考えや主張を導くようにすることが必要になる。

さらに，橋本氏は，多くの教員が教養科目において「生の問題」を扱う授業を設計するにあたり，自身の専門分野の範囲に限定して行おうとしやすいという点を指摘している。学生は，教員の解説的説明だけではなく，他の学生の主張を聞くなかで，今まで気づかなかった点に気づかされるようになる。実際に，教養教育科目において，例えば，クリティカルシンキングをワールドカフェや交渉学などのアクティブラーニングを取り入れて学生に習得させる教員もいるが，クリティカルシンキングを日常生活と結びつけて学ぶことで「クリティカルシンキングが要求されていますよ」という文脈を暗示した

いならば，教員が自らの「守備範囲」にこだわることなく，できるだけ広範囲の「生の問題」を扱うことで，真の思考力育成の授業づくりにつながるのかもしれない。

④ おわりに

個々の大学教師にとっての思考力の育成とは？

本章では，学生の思考力の育成に関する教員の語りから，次の3点を明らかにしてきた。

第一に，教員から「何らかの別の専門教育で用いる論理を別の領域であてはまるかどうか学生にチェックさせる」という主張が出てきたことである。これは，教員の学問的知識を一つの描写に過ぎないと解釈し，クリティカルシンキングでは学問的知識を捉える様式が重要になる（Moore, 2011：34）という視点といえる。学問的知識を捉える様式とは，例えば，さまざまな知識の妥当性や価値の判断，新たな事実や論拠や解釈の発見および証明である。学生は，読み書き計算のように何の文脈もなく論理やクリティカルシンキングを習得するわけではなく，教師が思考の際に用いる価値判断や論拠や解釈の発見および証明を追体験できることを目指すのである。この思考が教員の学問研究に由来することはいうまでもないだろう。

第二に，大半の学生が大学入学までに論理やクリティカルシンキングとは無縁の環境で過ごしていることである。初年次の学生が入学までに思考する機会がほとんどなく，家族や友人とのコミュニケーションでも，思考はおろか，それに必要な論理にさえ触れていない。したがって，教員が思考力育成の授業を設計する際には，「思想や悩みといった本質の部分にはお互いに触れない」とか「その場その場がおもしろければいい」といった学生の特徴を想定する必要があるといえよう。

第三に，教員が学生に思考させるテーマを設定する際に，自身の研究領域に閉じこもることなく，学生の興味・関心に関連する領

域に対応できるように広い領域を網羅することである。ただし，そこでは，初年次の学生向けの思考力育成で扱う内容なので，教員が研究で用いる知識のような深さを必要としない。むしろ，教員は，日々見聞きしている時事問題のなかから大半の学生が馴染んでいるものを選び，それに関連した自分なりの思考を自然に学生にさせることが重要である。時事問題に関連する学問的知識を耳学問的に学生に指導すれば十分，目的は達することができるのである。

　今後の課題としては，今回の研究会では，教員が普段の研究で培った思考力についての発言が現れなかったことがあ挙げられる。研究で習得した思考力と学生に指導するものは異なるのかどうかについては現段階で断定できないが，今後の第 2 回以降の研究会では，さらにこの点をふまえた深い議論を展開できるようにしていきたい。

【引用・参考文献】

金延重光（2017）「国語科（中・高）授業の実践」『甲南女子大学研究紀要　文学・文化編』53，甲南女子大学，19.

中熊豊仁・中野昌仁・下戸勇介（2017）.「生きて働く「国語の能力」を培う国語科授業の創造」『鹿児島大学教育学部教育実践研究紀要』26，鹿児島大学教育学部附属教育実践総合センター，349.

溝上慎一（2007）.「アクティブ・ラーニング導入の実践的課題」『名古屋高等教育研究』7，281.

Moore, T.J.（2011）. *Critical Thinking and Language : The Challenge of Generic Skills and Disciplinary Discourses*, London and New York : Bloomsbury Academics, 34.

Chapter 8

学生がアクティブラーニング
導入を望まない理由
学生がアクティブラーニングに対処する方法

久保卓也

 プロローグ

　ある春のことだった。1 か月続いたアクティブラーニングを銘
打つとある講義の最終日に，ある学生はこう言った。「これがアク
ティブラーニングというのなら，二度とこんな講義に参加したく
ない」。こう言った学生もいた。「本当に無駄な 1 か月を過ごした」。
前者は，ラーニングがあまり機能していないグループに配属された
学生であった。後者は能力の高い学生が集まった，外から見れば理
想的なグループの所属であった。ただ共通して 2 人の学生は，とあ
る講義に好印象をもたなかったようである。

② はじめに

　筆者は，彼らと同じくとある講義を履修した学部 3 年次の学生
である。ちなみに，高等教育を将来の専門の一つにしたいとは思っ
ているものの，学生のうちに何ができるのかはよくわかっていない。
そんな中で今回，編者の橋本氏から「学生視点で」の執筆依頼があ
り，橋本氏との相談を通して本章の執筆方針が固まった。ただこの
執筆方針が中々に曲者で，この点について先に言い訳することをお
許し頂きたい。というのも，執筆方針に従うと，「自分のことを棚に
上げた学生のアクティブラーニング批判」を「感想文（エッセイで
ありたいと思うが，そこまでの文筆能力があるかどうかは何とも言
えない）」としてお伝えすることが最適と思われ，実際そのように執
筆したためである。

　まず,「自分のことを棚に上げた学生のアクティブラーニング批判」について。私は基本的に,自分の領域に問題の原因・責任があると考える質である。すなわちラーニングが機能しない場合に,自分が学生側なら原因・責任は学生に,自分が教員側なら原因・責任は教員にあると認識する思考回路を採用している。理由は簡単で,自分の領域の外に問題の原因・責任を求めても,その先にあるのはほとんどの場合,責任の放棄と転嫁だからである。自分の領域の中に問題の原因・責任をみつけて,初めて策を講じることができるからである。つまり,極端な位置取りであっても,問題解決に効果的と考えられる位置取りを行うのが私なりのやり方である。したがって,「自分のことを棚に上げた学生のアクティブラーニング批判」を記すことは,原因・責任を外に求めるという意味で私の主義に反する。また,当然ながら多くの読者に不愉快さを感じさせてしまう可能性も否定できない。まず言い訳させて頂きたいのがこの点である。

　次に,「感想文」であることについて。研究に足を突っ込んでいる学生として,また本書が仮にも専門書である以上,研究論文や実践報告の形式をとるべきであることは理解している。しかし,執筆方針から考えても,本章の執筆に学部生をあてるという冒険を犯したことから考えても,私が求められているものは論文まがいの物でも,引用に装飾された論理的な説明でもないと推測している。したがって,「学生発のきちんとした文献」を想像して読み始められた方にはたいへん申し訳ないのだが,あえて研究や学術の色を捨てて,高等教育が学部生にどのように映っているのかをそのままお届けすることにさせて頂きたいのである。これが,二つ目の言い訳である。

　読み進めて頂く前にお断りしておきたかったのは,以上の2点である。正直なところ,このスタンスをとるのは私としても非常に心苦しいのだが,何しろ,編者の橋本氏自身が類書でたびたび「エッセイ」を書くということを繰り返しており,本書の序章や第1章も明らかにその調子になっている以上,弟子を自認する私としてもその方向にしたがわざるを得ない。「学生目線」が色濃く出ているこ

とについても同様である。この点をご理解頂いて，このまま筆を進めることに目をつむっていただけたら幸いである。

③ 大学生から見た大学教育 ....

　ある優秀な学生に，「なぜ講義を聞くのか」と聞いたことがある。彼はこう答えた。「良心があるからだ」と。

　昔の京都大学に，「講義なんぞに出席して，君らはいつ勉強するのかね」と言い放った教授がいたことは，口伝として有名である。文部科学省が各大学に対して，「学生の講義への出席」を強く促すようになって，この口伝は一見霧散したかのようにみえた。しかしその実，「出席」という言葉が「参加」に変わっただけで（「講義なんぞに参加して，君らはいつ勉強するのかね」）本質は今日にも受け継がれているというのが私の見方である。学生には講義に「出席」しつつ，自分なりの学修に励んだり，睡眠をとって体力を回復させたりするという「参加」しない選択肢が残されているのである。

　多くの学生はその成績に関わらず，初回の講義冒頭の5分間で「聞く価値があるか」を判断し，「参加」するかどうかを選んでいる。このときの判断は二つの軸によって行われているように思われる。一つは，「学ぶ必要性があるか」という学修意義の軸である。例えば，学生の将来にとって重要な学修内容，身近なところでは，成績評価に強く関わる内容の講義は学生に「参加」を選択させやすい（教員は，成績評価と関わらない部分も積極的に学んでほしいと思うだろうが，問題はそこを評価しないシステムにある）。もう一つは，「どれだけ効率よく学べるか」という学修効率の軸である。教科書を用いた場合の独学などと比較して，講義を聞いた方が効率的であると判断された場合も，「参加」が選択されやすい。そして，二つの軸でともに最低限を満たして初めて，学生の「参加」が確定する。一方，これら二つの軸のいずれかで価値なしと判断された場合，合理性に重きを置く学生ならば，残りの時間を自分なりに使い始める（必要

性を感じるものの効率が悪い講義では，自習が選択される。効率が
よくても必要性を感じない講義では，そもそもその内容は学ばれな
い）。もちろん，修行僧のように参加を続ける，良心ある学生も一定
数存在する。自分なりに時間を使うか，修行僧となるか。この問い
に対する適切な答えは個々人によって異なると思うが，もし，講義
が「学生の能力の向上」を目的としているなら，修行僧を嗜んで良
心に磨きをかけるのは，1週間もあればよいと思う。というのも今
日，学士力や社会人基礎力に示されるように，学生に求められるコン
ピテンシーは多岐にわたる。また，この内容が大学の講義だけで
カバー可能なものとは到底思えない。結果，学生は時間を無駄にで
きない，忙しい日々を余儀なくされる。ならば，2週目からは，自
分なりの成長のために講義時間を使うのが賢いやり方だろう。

　この考え方は，教員からすると「たわけ」「けしからん」と思わ
れるのが普通だろう。しかし，じつは教える側にもメリットがある。
大学教育改革に関わるある教授と話した際，こんな本音を聞かせて
もらったことがある。「講義を改善しなくても，試験さえ設定して
おけば，学生は優秀だから自分で勉強する。したがって，講義を改
善することの優先度は低い」。この考え方はまさに，学生の講義に
「参加」しないという自由を逆手にとり，教育義務の放棄を正当化
するものといえるだろう。学生の「参加」しないという自由の裏に
は，教員が教育義務を放棄する自由が隠れているのである。まさに，
「講義なんぞに出席して，君らはいつ勉強するのかね」というわけだ。

　つまり，これまでの講義室は，「教師は教える格好をして，学生は
机に座っている」という「形式の学習」と，「教師は教育に手を抜く
代わりに学生に自由を許し，学生は時間を自分なりに活かす」とい
う「実際の学修」が同時に存在する二重構造になっていたのである。

④ 大学教育の破壊者

　しかしながら，この二重構造はゆっくりと，しかし着実に崩壊を

始めている。根底にあるのは，アクティブラーニングの導入である。

　文部科学省によれば，アクティブラーニングの定義は「教員による一方向的な講義形式の教育とは異なり，学修者の能動的な学修への参加を取り入れた教授・学習法の総称。学修者が能動的に学修することによって，認知的，倫理的，社会的能力，教養，知識，経験を含めた汎用的能力の育成を図る。発見学習，問題解決学習，体験学習，調査学習等が含まれるが，教室内でのグループ・ディスカッション，ディベート，グループ・ワーク等も有効なアクティブ・ラーニングの方法である」らしい（中央教育審議会，2012）。文部科学省の定義も他の研究者の定義に変わらず，少なくとも「アクティブな学生の活動」をアクティブラーニングの要件と考えている。そしてこの要件が，アクティブラーニングを大学教育の破壊者たらしめる。アクティブラーニングを導入した瞬間，講義室の二重構造は崩れ去る。「アクティブな学生の活動」が学生に対して，「教員が設定したタイムラインに従え」と要求する。学生が講義に「参加」しない自由を禁止する。

　一方，教員側が二重構造から享受していたメリットはアクティブラーニング導入下でも維持される。すなわち，教員は学生の自学に頼り切って，やはり教育義務を放棄し続けることができるのである。

　前節で展開したことを土台に考えると，学生を講義に「参加」させる場合の正当性は，「学ぶ必要性があるか」という学修意義の軸と，「どれだけ効率よく学べるか」という学修効率の軸において，双方が学生から最低限の評価を得られるものであることだろう。これを満たさず講義への「参加」を強制することは，学生から学修機会や時間を奪うことと同義である。結果として生まれるのが，「これがアクティブラーニングというのなら，二度とこんな講義に参加したくない」。「本当に無駄な1か月を過ごした」。というプロローグで紹介した感想である。

　さて，こんな感想をもたれた・・・・・とある講義について，もう少し具体的に紹介しておこう。この講義は，学生8名程度のグループ学習，

そしてProblem Based Learning（PBL）形式で行われた。学生同士
のコミュニケーションを行いつつ，与えられた問題に関する情報を
論文等から収集，そのうえでプレゼンテーション形式の発表を2回
（中間発表と最終発表）行うというものだった。各グループには，大
学教員がファシリテーターとして配置され，グループの学修が的確
に進められるようサポートが行われた。おそらくここまでは，良好
な講義に聞こえるだろう。それはそうである。ここまではシラバス
にも書かれていることなのだから。読んで頂きたいのはこの後，す
なわち，すばらしくみえる講義の現実である。

「これがアクティブラーニングだというなら，二度とこんな講
義には参加したくない」。そう言った学生が参加していたグループ。
ここは，「どれだけ効率よく学べるか」という学修効率の軸において，
最低が保証されていない環境だった。

ファシリテーターを担当していた教員は「アクティブラーニン
グ」を「リリースラーニング（教員は何もせず学生にすべてを任せ
る教育形態を揶揄した学生の造語）」と勘違いしている節があった
らしく，プロダクト提出のギリギリまで最小限以下の支援しか行わ
なかったと聞いている。そのため，学生はぎこちないながらも自力
でプレゼンテーションの準備を進めていった。結果として最終発表
の直前，すなわちプロダクト提出のギリギリが訪れたときに，ファ
シリテーターの教員は方向修正のため，学生に対してすべてのプロ
ダクトの作り直しを命じたのだそうだ。これだけ効率の悪い学修の
進め方では，楽しさよりも不満が募って当然だろう。

「本当に無駄な一カ月を過ごした」。そう言った学生が参加してい
たグループは，「学ぶ必要性があるか」という学修意義の軸において，
最低が保証されていなかった。

このグループは，表面的には非常にうまくいったチームに映る。
実際，ファシリテーターを担当していた教員が必要な論文の紹介を
はじめとするファシリテートを適切に行っていたことに加え，集ま
った学生のレベルが極めて高く，発表まで非常に円滑に学修が進ん

でいた。しかし一方で，「なぜこれを，このような形式で，こんなにも時間をかけて学ばなければならないのか」という点が学生によっては腑に落ちていなかったようなのである。道を素早く歩むことはできても，行き先に魅力を感じてはいなかったのだろう。高いパフォーマンスを発揮していたチームだからこそ，このことは非常に残念に映る。

⑤ 学生にとってのアクティブラーニング ……………………………

　ここまでのエピソードでお伝えしたいのは，アクティブラーニングそれ自体の有害さではない。適切に運用できなかった場合のダメージの大きさである。「よく構成された知識伝達型の講義は，ただ導入されただけのアクティブラーニングに勝る」という詠み人知らずの言葉があるが，学生目線で考えるなら，これは違う。アクティブラーニングは最低と最高をカバーする。すなわち最低のアクティブラーニングは，学生の学びの自主性を奪い，監獄に捉えるという意味で，最低の知識伝達型の講義という自由つきの監獄に劣る。一方で，最高のアクティブラーニングは，最高の知識伝達型の講義よりも，広く深く楽しい学びが実現できるという点で勝っている。つまりアクティブラーニングは，その運用次第で知識伝達型講義より，良くも悪くもなりうる一つの教育手法でしかないのである。導入すればそれだけで学生が満足して育つ，魔法のシステムではないのである。一学生として，この自明のことから目を背ける人が多すぎる，と痛感する。

⑥ 講義ではなく，学生を変えるという発想 ……………………………

　ここまでは，あえてアクティブラーニングに批判的に筆を進めてきた（そろそろ止められるので，正直ほっとしている）。しかし，ネガティブな面から考えても，ポジティブな面から考えても，今後，

学生に求められるのはアクティブラーニングとの共存である。今日のアクティブラーニング導入の加速を止めることは難しく（ネガティブな面），同時に，導入さえ適切に行われてしまえば，現在想定可能な最高の高等教育はやはりアクティブラーニング，特にディープ・アクティブラーニングだと（ポジティブな面）思われるからである。それは，最高のアクティブラーニングの到達点が，最高の知識伝達型講義のそれに勝るからに他ならない。ただし，アクティブラーニングの導入においても，その後においても，「どれだけ効率よく学べるか」という学修効率の軸，そして「学ぶ必要性があるか」という学修意義の軸において最低ラインを守ることが求められるのは，先に述べた通りである。（なお，ディープ・アクティブラーニングに関する私見は編者と若干異なるが，それについては後述する）。

　学生側としても教員側としても，二つの軸の最低ラインが全てのアクティブラーニング型講義で満たされることを想像するのは，いささか楽天的すぎる。もし可能なのだとしても，アクティブラーニングが好適な大学講義の大半が移行を適切に終えるまで，かかる時間は膨大であろう。また，そこまで行っても，学生が一人ひとり異なる以上，全ての学生にとっての最適を実現するのは恐らく不可能である。すでにディプロマポリシーやカリキュラムポリシーに縛られているにも関わらず，さらに学生全員に合わせるのは至難の業だろう。ならば，効果と効率の観点から私が提案したいのは，学生に「限定条件下で効率的に学ぶ力」と「意義を見出す力」を身につけさせてしまうことである。これなら，大学全ての講義の改善を求める必要も，待つ必要もない。また，同一の講義でも，学生ごとに異なる最適を追求できる。

　「限定条件下で効率的に学ぶ力」は「どれだけ効率よく学べるか」という学修効率の軸，「意義を見出す力」は「学ぶ必要性があるか」という学修意義の軸に対応するものである。当然，講義に「参加」しないという選択肢は封じられているので，求められるのは「環境を選択して最高効率で学ぶ力」でも，「必要な学びを取捨選択する

力」でもない。

　「限定条件下で効率的に学ぶ力」と「意義を見出す力」は学生が知識伝達型講義を通して身につけることの難しいコンピテンシーである。したがって，アクティブラーニングに対処するために，アクティブラーニングに頼る必要がある。4年間，または6年間のアクティブラーニングを支えるために，アクティブラーニングを通して身につけなければならないコンピテンシーが二つ存在する。

⑦ ライト・アクティブラーニングの強み

　この二つのコンピテンシーを身につけるには，深さから広さへ向かうディープ・アクティブラーニングよりも，広さから深さへ向かうライト・アクティブラーニングが向いている。それは，身につけるべきコンピテンシーが広さをもち，広さを求められるものだからである。また，第二，第三のアクティブラーニングに背を向ける学生，すなわち「これがアクティブラーニングというのなら，二度とこんな講義に参加したくない。」「本当に無駄な1か月を過ごした。」と思う学生を生み出さないという観点からも，気軽さと楽しさを重視するライト・アクティブラーニングの強みが活かせる。

　誤解を避けるために説明を加えるが，私はライト・アクティブラーニングがディープ・アクティブラーニングに勝るといっているわけではない。ディープ・アクティブラーニングとライト・アクティブラーニングが差異をもつ以上，それぞれに異なった強みと弱みがあり，現在の状況においては，ライト・アクティブラーニングが向いているとお伝えしたいのである。もっとも私は，ディープ・アクティブラーニングとライト・アクティブラーニングが連続線上，スペクトラム上にあると考えているので，この弁解は無意味である可能性が高いのだが……。

⑧ ライト・アクティブラーニング実践例 ·······

「意義を見出す力」を身につける

　本来であれば，ここから「限定条件下で効率的に学ぶ力」と「意義を見出す力」を身につけるライト・アクティブラーニングを紹介するのが筋である。ただし，たいへん申し訳ないのだが，先行研究の読みが甘いこともあり，前者に関しては最適なものをみつけられていない。したがって，こちらについては他者に譲るという逃げをお許し頂いて，残りの紙面を「意義を見出す力」を身につけるライト・アクティブラーニング実践の紹介にあてたい。

　実践は，岡山大学医学部医学科 2 年次 120 名（2 度に分けて行ったため，1 回 60 名。のち，類似内容を 1 年次にも実施）を対象とした必修講義「プロフェッショナリズム II」のうち，2 コマ 120 分（休憩・調整時間を含む）を用いて行われた。講義責任者は，岡山大学大学院医歯薬学総合研究科地域医療人材育成講座教授の片岡仁美先生であった。筆者は，片岡教授のご厚意で「24 時間と私のペルソナ」の 2 コマにおいて，講義の設計及び当日のファシリテーションに参加させて頂いた。プロフェッショナリズム II の講義それ自体は，医学生が将来医師として働くための，まさにプロフェッショナリズムを身につけることを目的としたものであった。しかし，内容を理解頂けば，専門領域にとらわれずに応用実践が可能であることを納得いただけるはずである。

　「24 時間と私のペルソナ」は，学生が日々さまざまな事柄から多くを学んでいることに，学生自身が気づき，意義を見出すことができる実践であったといえる。しかし，育ったコンピテンシーは「講義に意義を見出す能力」を内包するものであると考えられる。実践の大筋は以下の通りである。

　実践の冒頭で，人（当然，学生を含む）は 24 時間観察するだけでも，家庭では息子，娘，または，兄弟姉妹，学校では勤勉な学生，サークルの先輩，バイト先では新米の働き手など，じつにさまざまな

外面，すなわちペルソナ（仮面）を被ってすごしていることを示した。その後，それぞれの学生がどのようなペルソナをもっているのかを洗い出した。その上で，将来医学生が手にする医師というペルソナをみつめ，医師というペルソナ，そして，それぞれの学生が固有にもつペルソナを同時に被ることで，どのようなシナジーが発生するのかについてアイディアを広げた（簡単な例では，医師というペルソナに，ピアニストというペルソナをかけると，音楽療法，感性を生かした深い患者理解などのシナジーが発生すると考えられえる）。活動は5人を基本とするスモールグループで行われ，それぞれのステップで，個人で考える時間，グループで話し合う時間が設けられた。また，一部では，教室全体での意見共有も行った。実践の到達目標は以下の通りである。

> 目標（評価基準）
> ●自分のもつ複数のペルソナを挙げることができる。
> ●複数のペルソナをもつことの強みを挙げることができる。
> ●自分の目指す医師像のイメージを多様性をもって説明することができる。
> ●日々の生活を見返し，目指す医師像に近づくための，今後の具体的な行動プランを作成することができる（レポート課題を用いる）。

　四つの目標のもとで「24時間と私のペルソナ」をすすめたが，その背景にあったのは広く日常生活から「意義を見出す力」であり，これを涵養するための実践であったことは先に触れた通りである。次ページのタイムラインは，筆者がファシリテーターとして参加させて頂いた第1回のものである。以降，類似の実践が同学年に一度，加えて，内容を調整して入学当初の1年次の学生に対しても行われたことも先に述べた通りである。その際，1）ステップ1とステップ2の間に，自己紹介をアイスブレイクとして行う，2）ステップ3を

表 8-1 「24 時間と私のペルソナ」実施例

ステップ 1	○講義の目的の共有 ○ペルソナの概念の解説 ○グループ・ディスカッションの進め方の提示	15 分
ステップ 2	○24 時間をどのように使っているかをまとめる。 ○自分の持つペルソナを挙げる。 ☞グループの仲間からも書き足してもらう。	10 分
ステップ 3	○自分がもっとも大切にしたいペルソナを選択する。 ☞グループの仲間と意見共有する。	10 分
ステップ 4	○医学生というペルソナを選択した理由を振り返る。 ☞グループの仲間と意見共有する。	10 分
ステップ 5	○もっとも大切にしたいペルソナおよび，医学生というペルソナを選択した理由を教室全体で共有する。	5 分
ステップ 6	○将来持つ医師というペルソナと，自分が最も大切にしたいペルソナを掛け合わせて生まれる強みを発想する。 ☞グループの仲間からも意見をもらいながら検討したのち，これと思ったものを一つ決定する。 ☞グループの仲間と意見交換する。	20 分
ステップ 7	○ペルソナの掛け合わせて生まれる強みを教室全体で共有する。	20 分
ステップ 8	○教員より総評	20 分
ステップ 9	○レポート課題として，目指す医師像及び，そのために今の 24 時間をどのように使って何をしたい・何を学びたいと考えるのかをまとめる。	−

行わず，ステップ 6 で，出てきたすべてのペルソナについて，掛け合わせを検討するという 2 点の変更で講義がブラッシュアップされた

　実際，講義中にファシリテーターをさせて頂いた感触では，学生はこれまで行っていた活動の意義を再確認したり，すでに意義を感じていた活動が，じつはそれよりもさらに大きく広範囲な価値をもちうることを認識したりしていったように感じられた。また，グループワークというアクティブラーニングによって悩むというプロセスを経ることにより，グループの仲間やファシリテーターからの助言が思考の起点となっていた場合でさえ，自分事として，自分で意義を見出すという感覚のもと，活動をすすめられていたように感じ

られた。

　加えて，ライト・アクティブラーニング採用による予想外のメリットもあった。というのも，一般の講義で行うような意義の説明は，ともすれば学生に，教員からの説教や押しつけに映ってしまう可能性が高い。一方，ライト・アクティブラーニングを用いた「意義を見出す」学修はどうしてかこのリスクを回避しうるようなのである。この点は，学びの構えの形成に関連する学修において非常に大きな強みとなる。

　さて，本実践は「講義」ではなく「生活のすべて」を対象とした。この点については，講義に関して「意義を見出す力」と限定することも可能だろう。しかし，今日では大学教育の正課の内外を問わず学修が行われると考えられているため，「生活のすべて」を対象としたほうが，広く学びの土台となりやすい。この点で，「生活のすべて」と広くとる判断にも，一定のメリットがあると考えられる。

　また，ここまでの紹介から，医学科の必修講義であるとはいえ医学色は薄いこと，他の学部学科でも適用が可能であることをご理解いただけたのではないかと思う。医学部のような職業人養成系の学部では，医師を該当の職業に読み替えれば活用が可能であろう（例えば，教育学部であれば医師を教師と読み替えればよい）。また，特定の職業に特化しない学部（経営学部や国際学部など）においては，個々人がそのタイミングで目指す職業をもって医師を読み替えればよい。

⑨ まとめ

　本章は，特に前半において，学生の目線に立つと，アクティブラーニングの導入が講義室の二重構造を破壊する性質をもち，そのため導入の仕方によっては，学修効率の軸・学修意義の軸の観点から，かえって学生の成長を阻害しうることを述べた。また，後半では，アクティブラーニング導入において，「限定条件下で効率的に学

ぶ力」「意義を見出す力」をライト・アクティブラーニングによって学生に身につけさせるのが効果的かつ効率的な対策になるという考えを示し，後者の涵養に資するライト・アクティブラーニングとして「24 時間と私のペルソナ」の実践例を紹介した。

⑩ おわりに

　繰り返しにはなるが，読者に与えたかもしれない不快感，学生の自分勝手感について一言断っておきたい。本章に求められる内容を私なりに理解して，こちらのほうがよいと判断したゆえの内容ではあるが，今日の大学教育を鑑みるに，学生側にも問題が大きいということは十分承知している。多くの先生方が学生のために必死になって下さっていることもよく理解している。また，編者の橋本氏がよく強調されているように，学生・教員・職員・社会の 4 者の協働による問題解決が求められているという点に関しても同様である。その上での執筆内容だとご海容頂ければ幸甚である。

　次に，橋本教授，片岡教授へ，本章執筆にあたってのお礼を申し上げたい。富山大学時代から，本章の執筆を含め，今に至るまで私を指導してくださる富山大学の大学教育の師，橋本勝教授。そして，私を講義づくりに誘ってくださったり，本章への使用を許可してくださったりと，さまざまなご指導とご支援をくださる，岡山大学の大学教育の師，片岡仁美教授。先生方には，言い表せないほどにたくさんのことを学ばせて頂いている。心から感謝するとともに，今後のご指導をこの場を借りてお願いしたい。

　最後に，HP の紹介をさせて頂きたい。上述の通り，私は今後，高等教育を専門としたいと考えており，本章や関わった企画を含め，広く先生方，職員の方，学生の皆さん，その他多くの皆さまのご指導を頂く機会を得たいと思い個人的な HP（https://takuyaforeducation.wixsite.com/faculty-development）を作成させて頂いた。そこには，以前に執筆し，完成に至ったものの諸事情で

「お蔵入り」した原稿も提示させて頂いている。学部生にして大学教育を学びたいと思う奇怪な学生に興味を持って頂けるなら，こちらについてもご指導頂けると幸いである。また，本稿に対する御批判は大歓迎である。ご意見，コメント等については次のアドレスにお送りいただければ幸いである。

takuya.for.education@gmail.com

⑪ エピローグ

　「24 時間と私のペルソナ」では，学生の笑顔があふれていた。学生は楽しそうだった。そして，学生の目は輝いていた。ライト・アクティブラーニングでは，こうでなくては，と思わせるすばらしい三つのアウトカムであった。

【引用・参考文献】

中央教育審議会（2012）．「用語集」『新たな未来を築くための大学教育の質的転換に向けて―生涯学び続け，主体的に考える力を育成する大学へ（答申）』文部科学省〈http://www.mext.go.jp/component/b_menu/shingi/toushin/__icsFiles/afieldfile/2012/10/04/1325048_3.pdf（2017年 11 月 15 日確認）〉

結びに代えて（エピローグ）

　看護教育の関係者向けに『看護教育』という月刊雑誌（医学書院発行）がある。通巻で700号を数える伝統誌であるが，門外漢の私は当然，これまでその存在に気づくこともなかった。縁あって，その700号（第58巻9月号）に依頼原稿を載せて頂くことになったが，そのタイトルは本書の書名と同じく「ライト・アクティブラーニングのすすめ」となっている。実は，ちょうど本書の編集作業を始めた頃に依頼されたので，私自身が混乱しないよう，当初は，その雑誌の方は微妙に表現を変え，「ライト・アクティブラーニングとしての橋本メソッド」としていたのだが，校正段階で雑誌の編集担当者から「ライト・アクティブラーニングのすすめ」にしてはどうか，という提案があり，本書の編集もかなり進んでいたので混乱も生ずるまいという判断で，敢えて，同じままにしてしまった。

　今，両方を見比べてみると，『看護教育』の方は，その雑誌には余り似つかわしくないほどの，くだけたエッセイ調になっている。例えば，授業方法を「橋本メソッド」に切り替える前の私を「前期橋本」と呼び，なぜ，そんな私が「転身」したのかといういきさつなどが書いてあるのである。依頼を引き受けてから，本書の序章に登場する三浦真琴先生も同じ号に寄稿するということが判明し，その奇遇に驚くとともに，序章の「お詫び文」を読めば御理解頂けるかと思うが，いつも以上に橋本節をきかせる必要が生じたのである。

　翻って，本書の序章，Chapter 1の拙文では，エッセイ色を相当弱めている。事情は序章で触れた通りであるが，他の執筆者の論稿も「真面目」調が目立ち，本音を言えば，本書の出来栄えは私としてはやや物足りなさが残る。そこで，最後に，『看護教育』の中でも触れなかったとっておきの話を少しだけ追加して，正に結びに代えることにする。

　時々，酒の席などで話すことがあるが，私は研究者になろうと思

って大学に職を得たわけではない。顰蹙を恐れずにいえば，私がその道を選んだのは，それを決意した頃，大学の（特に文系の）先生は実にヒマそうだったので，学生結婚をした妻と相談し，大学の先生になれば夫婦の時間あるいは家族の時間がたっぷり取れるだろうと考えたのである。幸か不幸か，なかなか先生にはなれず，結果的に長い大学院生，研究生時代を送ることになるが，その間は，今から思えば確かにヒマであった。30代後半になって，ようやく大学に常勤職を得るが，そのタイミングで妻は病魔に倒れることになる。妻の闘病生活を支えるために，また，1年半後に妻が亡くなってから子育てをするためには，時間的余裕のある大学教員という職は非常に好都合だった。やがて，子育ても一段落したあたりで，私は「成り行き」でFDに首を突っ込み始め，そのうち「橋本メソッド」に行きつくことになる。

　「橋本メソッド」あるいはライト・アクティブラーニングは，やり方次第では，教員の時間的・労力的負担も軽く抑えられるが，今の私の様子は時に「修行僧」にたとえられるほど過酷である。毎年，4〜7月の平均睡眠時間は2時間程……。ただし，私自身は，妻のいない寂しさを紛わすために精力的に仕事をこなしてきた面があり，その過酷さをむしろ楽しんでいる面がある。もし妻が生きていれば，今の私の忙しさでは夫婦喧嘩が絶えなかったであろうし，そもそも，妻が生きていれば，私がFDに関与することもなく，「橋本メソッド」など誕生しなかったのではないかと思われる。その意味では，「橋本メソッド」は，私の人生の特殊性が生み出した宿命的なものといえよう。

　天国の妻には，今の私がどう映っているのだろうか。……なんてね。

執筆者紹介（* は編者）

橋本　勝*（はしもと　まさる）
富山大学教育・学生支援機構教授,
教育推進センター副センター長

金西計英（かねにし　かずひで）
徳島大学総合教育センター教授

戸田由美子（とだ　ゆみこ）
愛知県立大学教授

林　透（はやし　とおる）
山口大学大学教育機構
大学教育センター准教授

倉部史記（くらべ　しき）
NPO 法人 NEWVERY 理事

河原和之（かわはら　かずゆき）
立命館大学ほか非常勤講師
元公立中学教諭

小林祐也（こばやし　ゆうや）
島根大学教育・学生支援機構
教育推進センター講師

久保卓也（くぼ　たくや）
岡山大学医学部 3 年

ライト・アクティブラーニングのすすめ

2017 年 12 月 31 日　初版第 1 刷発行　（定価はカヴァーに表示してあります）

編著者　橋本　勝
発行者　中西　良
発行所　株式会社ナカニシヤ出版
〒606-8161　京都市左京区一乗寺木ノ本町 15 番地
Telephone　075-723-0111
Facsimile　075-723-0095
Website　http://www.nakanishiya.co.jp/
E-mail　iihon-ippai@nakanishiya.co.jp
郵便振替　01030-0-13128

装幀＝白沢　正／印刷・製本＝ファインワークス
Copyright © 2017 by M. Hashimoto
Printed in Japan.
ISBN 978-4-7795-1169-1

ナカニシヤ出版・書籍のご案内　表示の価格は本体価格です。

大学における海外体験学習への挑戦

子島　進・藤原孝章［編］　様々なプログラムを記述・分析する「事例編」と学習を総合的に検討する「マネージメントと評価編」を通してよりよい実践をめざす。　　　　　　　　　　　　　　　　　2800円＋税

自立へのキャリアデザイン

地域で働く人になりたいみなさんへ　旦まゆみ［著］　なぜ働くのか，ワーク・ライフ・バランス，労働法，ダイバーシティ等，グローバルに考えながら地域で働きたい人のための最新テキスト。　　　　1800円＋税

反「大学改革」論

若手からの問題提起　藤本夕衣・古川雄嗣・渡邉浩一［編］　これから大学はどうなっていくのだろうか。今後の大学を担う若手たちが，現状の批判的検討を通じて，より望ましい方向性を模索する。　　2400円＋税

アクティブラーニング型授業としての反転授業［理論編］

森　朋子・溝上慎一［編］　日本の大学で行われている反転授業の取組を調査し，アクティブラーニング型授業の発展型の一つとして位置づけるための理論を探る。　　　　　　　　　　　　　　　　　2600円＋税

アクティブラーニング型授業としての反転授業［実践編］

森　朋子・溝上慎一［編］　現在行われている反転授業の取組を調査するなかから，文理を問わず多様な分野の多彩な実践事例を厳選して集約した実践編。　　　　　　　　　　　　　　　　　　　2600円＋税

実践 日本語表現

短大生・大学1年生のためのハンドブック　松浦照子［編］　聴く・書く・調べる・読む・発表するなどアカデミックスキルの基礎と就職活動への備えを一冊に。教育実践現場で磨かれた実践テキスト。　2000円＋税

自己発見と大学生活

初年次教養教育のためのワークブック　松尾智晶［監修・著］中沢正江［著］アカデミックスキルの修得を意識しながら，「自分の方針」を表現し合い，問いかけ，楽しみつつ学ぶ機会を提供する初年次テキスト。

1500 円 + 税

課題解決型授業への挑戦

プロジェクト・ベースト・ラーニングの実践と評価　後藤文彦［監］伊吹勇亮・木原麻子［編著］　キャリア教育として長年実施され，高評価を得ている三年一貫授業の事例を包括的に紹介し，日本における課題解決型授業の可能性を拓く。

3600 円 + 税

幸せを求める力が育つ大学教育

後藤文彦［著］　自発的な学びを促し，卒業後に仕事で得る満足感を高めるための教育とは何か。現場で展開されてきた教育戦略と成果を取りまとめた労作。

2500 円 + 税

アメリカの大学に学ぶ学習支援の手引き

日本の大学にどう活かすのか　谷川裕稔［編］　現在，定着しつつある様々な教育支援プログラムは，いかなる経緯でアメリカの大学に生み出されたのか。それをどう活かすべきなのか。

2400 円 + 税

教養教育の再生

林　哲介［著］　教育答申や財界の意見等を批判的に読み解きながら教養教育の変容をふりかえり，何が欠落してきたか，あるべき姿とは何かを提言する。

2400 円 + 税

テストは何を測るのか

項目反応理論の考え方　光永悠彦［著］　そのテスト，大丈夫？　PISAなどに用いられている公平なテストのための理論（＝項目反応理論）とその実施法をわかりやすく解説。

3500 円 + 税

大学におけるアクティブ・ラーニングの現在

学生主体型授業実践集　小田隆治［編］　日本の大学で行われているアクティブ・ラーニングの多様性と豊かさを伝えるとともに，その導入のヒントとなる実践事例集。　2800円＋税

アクティブラーニングを創るまなびのコミュニティ

大学教育を変える教育サロンの挑戦　池田輝政・松本浩司［編著］　大学における授業改善・教育改革をめぐって多様な人びとがストーリーを語り合う教育サロンへの「招待状」。　2200円＋税

かかわりを拓くアクティブ・ラーニング

共生への基盤づくりに向けて　山地弘起［編］　アクティブラーニングを縦横に活用した大学授業を取り上げ，メッセージ・テキスト，学習の意義，実践事例，授業化のヒントを紹介。　2500円＋税

大学生の主体的学びを促すカリキュラム・デザイン

アクティブ・ラーニングの組織的展開にむけて　日本高等教育開発協会・ベネッセ教育総合研究所［編］　全国の国立・公立・私立大学の学科長へのアンケート調査と多様なケーススタディから見えてきたカリキュラム改定の方向性とは何か。　2400円＋税

身体と教養

身体と向き合うアクティブ・ラーニングの探求　山本敦久［編］　ポストフォーディズムのコミュニケーション社会において変容する身体と教育との関係を大学の身体教育の実践現場から捉える。　2800円＋税

学校インターンシップの科学

大学の学びと現場の実践をつなぐ教育　田島充士・中村直人・溝上慎一・森下覚［編著］　教育実習に代わる制度として広まりつつある学校インターンシップにはどのような効果があるのか。今後の教員養成のあり方を論じる。　4000円＋税

ファシリテーションで大学が変わる：大学編

アクティブ・ラーニングにいのちを吹き込むには　中野民夫・三田地真実［編著］　参加者（学習者）中心の学びや創造の場をつくる技芸であるファシリテーションの技術・心構えと大学教育でのリアルな活用法を解説。　　　　　　　　　　　　　　　　　　　　　　　　2200円＋税

キャリア・プランニング

大学初年次からのキャリアワークブック　石上浩美・中島由佳［編著］学びの心構え，アカデミック・スキルズはもちろんキャリア教育も重視したアクティブな学びのための初年次から使えるワークブック。　1900円＋税

学生が変わるプロブレム・ベースド・ラーニング実践法

学びを深めるアクティブ・ラーニングがキャンパスを変える　バーバラ・ダッチ，スーザン・グロー，デボラ・アレン［編］山田康彦・津田司［監訳］　PBL導入へ向けた組織的取組み，効果的なPBL教育の準備，多様な専門分野におけるPBL実践事例を網羅する。　　3600円＋税

授業に生かすマインドマップ

アクティブラーニングを深めるパワフルツール　関田一彦・山﨑めぐみ・上田誠司［著］　アクティブラーニングを支援し，よりよい学びを深めるために，様々な場面で生かせるマインドマップ活用法を分かり易く丁寧に紹介。　　　　　　　　　　　　　　　　　　　　　　　2100円＋税

大学におけるeラーニング活用実践集

大学における学習支援への挑戦2　大学eラーニング協議会・日本リメディアル教育学会［監修］　大学教育現場でのICTを活用した教育実践と教育方法，教育効果の評価についての知見をまとめ様々なノウハウを徹底的に紹介する。　　　　　　　　　　　　　　　　　　3400円＋税

もっと知りたい大学教員の仕事

大学を理解するための12章　羽田貴史［編著］カリキュラム，授業，ゼミ，研究倫理，大学運営，高等教育についての欠かせない知識を網羅。これからの大学教員必携のガイドブック。　　　　　　　　　2700円＋税

学生、大学教育を問う

大学を変える、学生が変える3　木野　茂［編］　全国の大学に広がった学生 FD 活動の実際と白熱の学生 FD サミットの内容を幅広く紹介し，学生と関わる大学教育の展望を拓く。　　　　　　　　　　2800 円＋税

成熟社会の大学教育

渡部信一［著］　これからの大学教育はどう変わるべきか？　高度成長期を過ぎ，価値観の多様化する成熟期を迎えた日本の，新しい大学教育を模索。　　　　　　　　　　　　　　　　　　　　　　2400 円＋税

ラベルワークで進める参画型教育

学び手の発想を活かすアクティブ・ラーニングの理論・方法・実践
林　義樹［編］　大学，看護学校，高校などの現場で数多くの実践者たちが磨き上げた定評あるアクティブ・ラーニングの理論，方法，実践を集約。　　　　　　　　　　　　　　　　　　　　　　2900 円＋税

私が変われば世界が変わる

学生とともに創るアクティブ・ラーニング　花園大学アクティブ・ラーニング研究会［編］　学生と学生，教員と学生，学生と社会，社会と大学をつなぐ。大学教育の実践現場から届いたアクティブ・ラーニング活用術。　　　　　　　　　　　　　　　　　　　　　　2400 円＋税

高校生から見た大学の「価値」と大学選びのメカニズム

「第 1 回テレメール全国一斉進学調査」報告書　株式会社応用社会心理学研究所［編］　偏差値に代わる指標が見いだせない大学全入時代。大規模な進学調査に基づき，社会心理学の見地から新しい大学選びのあり方を提唱。　　　　　　　　　　　　　　　　　　　　　　7200 円＋税

高校・大学から仕事へのトランジション

変容する能力・アイデンティティと教育　溝上慎一・松下佳代［編］　若者はどんな移行の困難の中にいるのか──教育学・社会学・心理学を越境しながら，気鋭の論者たちが議論を巻き起こす！　　　　2800 円＋税

ピアチューター・トレーニング

学生による学生の支援へ 谷川裕稔・石毛 弓［編］ 大学で学生同士の学びが進むには？ 学生の学習を支援する学生＝「ピアチューター」養成のための決定版ワークブック！ 2200円＋税

3訂 大学 学びのことはじめ

初年次セミナーワークブック 佐藤智明・矢島 彰・山本明志［編］ 高大接続の初年次教育に最適なベストセラーワークブックをリフレッシュ。全ページミシン目入りで書込み，切り取り，提出が簡単！ 1900円＋税

学生のための学び入門

ヒト・テクストとの対話からはじめよう 牧 恵子［著］「何かな？」という好奇心からスタートしましょう。好奇心に導かれた「対話」から，訪れる気づきを「書く」力をみがきます。 1800円＋税

大学教育

越境の説明をはぐくむ心理学 田島充士・富田英司［編著］ コミュニケーション能力の育成の方法やその教育法の開発に生かせる科学的研究を集約。「越境の説明力」を磨く新しい大学教育論。 3700円＋税

学生と楽しむ大学教育

大学の学びを本物にするFDを求めて 清水 亮・橋本 勝［編］ 学生たちは，大学で何を学び，何ができるようになったのか。学生とともに進み，活路を切り開く実践例や理論を一挙集約！ 3700円＋税

大学生のリスク・マネジメント

吉川肇子・杉浦淳吉・西田公昭［編］ 大学は楽しいところだが危ういところもある。ネットやカルト，健康，お金——リスクについての知識を得て対策をして，存分に学ぼう！ 1700円＋税

日本の「学び」と大学教育

渡部信一 [著]　目的を明確に定め，細かなプロセスなどは斟酌せずにそこに向けて大胆に突き進んでいく認知科学的な裏付けのある教育を提唱する。　1800 円＋税

ゆとり京大生の大学論

教員のホンネ、学生のギモン　安達千李・大久保杏奈・萩原広道他 [編]突然の京都大学の教養教育改革を受けて，大学教員は何を語り，ゆとり世代と呼ばれた学生たちは何を考え，そして，議論したのか？　益川敏英・佐伯啓思・毛利嘉孝・山極壽一他 [執筆]　1500 円＋税

学生 FD サミット奮闘記

大学を変える、学生が変える 2：追手門 FD サミット篇　木野　茂 [監]梅村　修 [編]　大学授業の改善について思い悩む 300 名以上の学生・教員・職員が，大学を越え，対話 を行い，作り上げたサミットの軌跡と記録！　2500 円＋税

教養教育の思想性

林　哲介 [著]　大学設置基準「大綱化」前後の大学内外の議論を詳らかにし，思想史と日本の学制の歩みを紐解く中からあるべき教養教育を提示する。　2800 円＋税

大学教育アセスメント入門

学習成果を評価するための実践ガイド　バーバラ・ウォルワード [著]山﨑めぐみ・安野舞子・関田一彦 [訳]　授業方法の改善や学生の学びを向上させるのに役立つアセスメントを，「シンプルに・効率よく・有益に」という方針のもとに解説。　2000 円＋税

学生主体型授業の冒険 2

予測困難な時代に挑む大学教育　小田隆治・杉原真晃 [編]　学生の可能性を信じ，「主体性」を引き出すために編み出された個性的な実践を紹介し，明日の社会を創造する学びへと読者を誘う！　3400 円＋税